Günter Wirth
Hans-Martin Pleßke

Albrecht Goes
Der Dichter und sein Werk

———

Union Verlag
Berlin

*Die Verfasser danken
Eva Lotz und Petra Ketzer
für ihre Mitarbeit.*

ISBN 3-372-00235-0

1. Auflage
© 1989 by Union Verlag Berlin
Lizenz-Nr. 395/3939/89 · LSV 8053
Printed in the German Democratic Republic
Gesamtherstellung: Union-Druck, Halle (Saale)
Gestaltung: Friedbert Jost
700 264 4

Inhaltsverzeichnis

Vorbemerkung

Die Verfasser haben sich seit vielen Jahren auf unterschiedliche
Weise – publizistisch, verlegerisch und durch Vorträge – für Albrecht Goes und sein Werk in unserem Lande eingesetzt. In dieser Veröffentlichung geht es ihnen – im Umfeld des 80. Geburts-
tags des Dichters – um eine gleichsam synthetische Zusammenschau seines Dichtens und Denkens.

In anderen Worten: Das literarische Werk des Dichters und
seine Homiletik werden nicht in ihren Entfaltungsprozessen ana-
lysiert – das Biographisch-Chronologische tritt zurück. Es geht
mehr darum, in allen Bereichen, in denen Goes literarisch in Erscheinung getreten ist, das Gottesbild, das Menschenbild, das
Weltbild des schwäbischen Dichters aus den »Quellen, die
nicht versiegen«, zu erschließen.

Letztlich gibt es hierzu auch die sachliche (und das heißt: die
theologische und ästhetische) Legitimation, weil die Grundzüge
im Lebenswerk des Dichters früh ausgeprägt da sind – es ist
sicherlich das Kernstück der drei Novellen, das in seiner zeit-
geschichtlichen Reflexion eine gewisse Ausnahmestellung ein-
nimmt.

Die Verfasser hoffen, mit dieser Zusammenschau des Werkes
von Albrecht Goes einen Beitrag zur Rezeption seines künstlerischen Schaffens ebenso zu leisten wie zu »dem großen, weithin
noch unbearbeiteten Thema der Beziehungen zwischen Theologie und Literatur« (Christian Bunners).

Berlin/Leipzig, Mitte September 1987

Das wunderbare Leben
steht nicht still

»Die Welt lebt, das glaube ich, viel mehr, als es ihr bewußt ist, von dem unscheinbaren Werk der Geduld, dem Lächeln der Versöhnlichkeit, von dem mutigen Vertrauen – nicht ihrer Träumer, sondern der Erschrockenen und der Leidenden … Ich glaube, daß der Mensch eine Zukunft hat, weil ich an den lebensverwandelnden Geist glaube« (WW 363). Diese Sätze aus dem Bekenntnis »Auf der Suche nach einem Bestimmungsort« von Albrecht Goes sind Ausdruck einer immer neu errungenen Lebenszuversicht. Als Antwort auf die Frage nach einem Leitbild gegeben, bringen diese Gedanken zum Ausdruck, wie ein Christ und Künstler zu seiner Zeit steht, wie er bereit ist, Mitverantwortung zu tragen.

Albrecht Goes ist sich der Doppelexistenz bei seinem Wirken als Pfarrer und Dichter stets bewußt. Ihn deshalb als »Dichterpfarrer« zu bezeichnen, würde er als unangemessen empfinden. Jahrzehnte übte er zwei Berufe aus, die vom Dienst und Verantwortungsgefühl am Wort geprägt waren und noch sind. Evangelischer Theologe sein heißt für Goes »gehorchen, einen Text auslegen, einen Auftrag ausrichten« (T 166). Was er hier tut, um die christliche Botschaft weiterzugeben, muß keineswegs den »Blick ins Unabhängig-Weltweite« (T 166) verstellen. Als Dichter fühlt er sich dem inneren Auftrag verpflichtet: »horchen, erfinden, denken, differenzieren, spielen« (T 166). Daß sich solches Tun nicht immer ohne Spannungen und Mißtrauen im mitmenschlichen Umfeld vollziehen kann, hat Goes natürlich auch erfahren. Er betrachtete sich nie als einen »Muß-Pfarrer«, und zum Schreiben ist er nicht deshalb gekommen, weil er sich für den gewählten seelsorgerlichen Beruf nicht so recht geeignet hätte! Albrecht Goes gehört zu den schöpferischen Persönlichkeiten, die im täglichen Umgang mit dem Dichterwort wissen, mit welchen Mühen die Niederschrift einer Strophe oder einer Prosaseite verbunden sein kann, wenn man sie in die Öffentlichkeit bringen will.

Weil das Gesamtwerk von Albrecht Goes Zeichen setzt, sich hier die in bewundernswerter Ehrfurcht erlebte Herrlichkeit der Schöpfung widerspiegelt und die Mitsorge um den Frieden der Welt ausgesprochen wird, fühlen sich Verlage der Deutschen Demokratischen Republik schon seit 1955 diesem Dichterwort verpflichtet. In Einzelausgaben liegen die »Unruhige Nacht« und »Das Brandopfer« vor, und solche Sammelbände wie »Der Gastfreund« (1958), »Die Gabe und der Auftrag« (1962) und »Aber im Winde das Wort« (1966) vermitteln einen Einblick in wesentliche literarische Schaffensergebnisse der letzten Jahrzehnte. Mehr als 80 Titel selbständig erschienener Schriften weist die Goes-Bibliographie seit 1932 aus, wobei mehrfache Auflagen einzelner Arbeiten bzw. die Übersetzungen in zahlreiche Fremdsprachen unberücksichtigt bleiben.

Der nun 80jährige Dichter kann auf eine reiche Ernte zurückblicken, deren Früchte von literarischer Meisterschaft zeugen. »Modische Wichtigtuereien« liegen Goes nicht, ». . . aber an einigen Stellen habe ich nicht geschwiegen, sondern Ja und Nein gesagt, und dabei nicht gefragt, ob das willkommen oder unwillkommen war. An die gequälte Judenheit unter uns habe ich erinnert, vor dem unseligen Weg der Wiederbewaffnung habe ich gewarnt, und jeder Versuch eines Brückenbaus hatte an mir einen Helfer. Das Pamphlet war dabei nur selten meine Sache, aber die Besinnung und die Erzählung und das Gedicht« (T 164). Und an einer anderen Stelle der Betrachtung »Wie wir erst jetzt erfuhren« schreibt Goes: »Ich habe auf der Erde und nicht hinter dem Mond gelebt und war ziemlich fleißig« (T 164).

Würde der Dichter den »Stillen im Lande« zugerechnet, dürfte man seines berechtigten Protestes gewiß sein. Albrecht Goes liebt das Schweigen, übt Zurückhaltung, geht aber auf den fragenden Zeitgenossen zu, wobei er das Unverbindliche ablehnt. Was er schreibt, berührt durch geistige Weite und ermuntert den Leser, sich selbst zu verwirklichen und seinen Standort zu finden. Nie vordergründig werden Kritik und Anklage ausgesprochen, aber unüberhörbar stellt Goes die Frage nach der Schuld, weil es eine Kontinuität des Gedächtnisses gibt, die bis in unsere Tage fortwirkt. Bei aller Vielfalt der Themen und Formen liegt in seiner Gesamtheit ein literarisches Werk vor, das sich durch innere Wahrhaftigkeit auszeichnet. Was hier an Zuversicht gegeben wird, entspricht einer in sich gefestigten Gedankenwelt. Es werden Erfahrungen vermittelt, die nur so und nicht anders zu gewinnen waren, weil Leben und Werk eine untrennbare Einheit bilden.

Albrecht Goes wird am 22. März 1908 im Pfarrhaus Langenbeutingen (heute Langenbrettach) geboren, das zum Landkreis Öhringen in Württemberg gehört. Bereits die Vorfahren mehrerer Generationen sind, so wie sein Vater Eberhard Goes, schwäbische Pfarrer gewesen. Vom Urgroßvater Gustav Adolf Riecke, dem Vater der Großmutter väterlicherseits, ist bekannt, daß er in Württemberg leidenschaftlich die Ideen der Revolution von 1848 vertreten hat. Gemaßregelt mußte er seine Tätigkeit als Seminarrektor in Eßlingen aufgeben, was die lakonische Feststellung ausgelöst habe: »Mit Befriedigung zur Kenntnis genommen.« Die aufrechte, volksverbundene Gesinnung eines Ludwig Uhland, der den liberalen Linken als Abgeordneter in der Frankfurter Paulskirche 1848/49 angehörte, wird ihm Vorbild gewesen sein.

Es war der Sonntag Oculi – der 4. Sonntag vor Ostern –, an dem das Neugeborene seine Augen öffnete. ». . . das habe ich, ein Leben lang, mit Freuden bedacht. Von Fisch und Widder weiß ich nichts; aber dieses Datum im Kirchenjahr will ich feiern, solange ich lebe. Oculi – die Augen. Ich habe alle Quellen mir erschlossen« (T 137). Neben Albrecht wächst der zwei Jahre ältere Bruder Helmut heran. Da die Mutter bereits 1911 starb, sind keine Erinnerungen geblieben. Daß über den Tod hinaus die Mutter dennoch in sein Leben eingegriffen hat, wird dem Jungen mehrfach bewußt, der sich später in der Betrachtung »Der Mutterlose« (1936) mit den Wurzeln seiner Herkunft beschäftigt. Elisabeth Goes, geborene Panzerbieter, hat vor ihrer Verheiratung in Berlin gewirkt. Sie ist als Lehrerin »stürmisch umschwärmt« (WW 76) worden. Als Albrecht Goes Jahrzehnte später nach einer Dichterlesung in Den Haag zufällig von einer Siebzigjährigen angesprochen wird, die 1902 Schülerin seiner Mutter war, ist er dankbar für die ihm berichteten Einzelheiten aus deren Leben, weil die eigene Erinnerung fehlt. In »Der Lilienstrauß« (1956) hat er dieses Gespräch notiert.

Der Vater Eberhard Goes stand einem weltaufgeschlossenen, nichtpietistischen »liberalen« Elternhaus vor. In den neunziger Jahren war er als Tübinger Theologiestudent dem Sortimentsgehilfen Hermann Hesse in der Buchhandlung J. J. Heckenhauer begegnet, woraus sich lebenslange Beziehungen ergeben haben. Albrecht und sein Bruder wachsen mit dem Neuen Testament auf, aber zum »Lebenshaushalt« gehört auch Goethe. Und wenn man davon ausgehen darf, daß sich die Schwaben selbst als weltoffene Eigenbrötler sehen, die sich kreatürlich der Erde zugetan fühlen, dann strahlt solche Haltung zugleich auf ihr Christsein aus. »Ihr Pathos greift nach den Sternen, aber Humor und Selbstironie halten sie zu ihrem Heil auf der Erde fest. Ihre Fabulierlust ist kühn, voll schweifender Formfreude, aber wer unter ihnen etwas sagen will, muß vom Wesen her etwas zu sagen haben« (FaG 79). Das schreibt Albrecht Goes 1952 in der Deutung vom »Blühenden Kirschbaum« des Bauerndichters Christian Wagner (1835–1918).

Bereits 1940 hat Goes im Nachwort seiner kleinen Werkauswahl des »schwäbischen Poeten im Bauernkittel« darüber resümiert, wie die Landschaft Schwabens den Menschen formt. Sie ist darauf aus, »keine großartigen, in ihrer Einseitigkeit überwältigenden, sondern milde, auf Ausgleich der Gegensätze bedachte, vielfältige und innige Eindrücke dem Beschauer zuzumitteln, wobei man dann freilich nicht außer acht lassen darf, daß in den Gründen des Landes auch Vulkan- und Eruptivgestein ihr Wesen treiben« (Ch. Wagner, »Blühender Kirschbaum«. Gedichte und Prosa / Nachwort 64).

Bereits der drei- und vierjährige Albrecht empfindet eine ausgesprochene Freude am Erzählen von Geschichten. Jene Angehörigen, die um ihn sind, berichten später, er habe stets mit »Also in Afrika« (Krankenvisite 27) begonnen, ganz gleich, wie der Fabulierfaden gesponnen wird. Im März 1915 siedelt der Siebenjährige aus seinem schwäbischen Dorf nach Berlin-Steglitz über. Der von den deutschen Imperialisten vor acht Monaten entfesselte erste Weltkrieg hatte in dieser Stadt seine ideologischen Wurzeln. Er ist Ausdruck einer volksfeindlichen Politik, was durchaus noch nicht alle Bürger so empfinden. Dem einzelnen werden zunehmende Opfer aufgebürdet, wozu damals auch die Einführung der Brotkarte in ganz Deutschland zählt. In dieser Situation kommt Goes in die Hauptstadt seines Landes. Hier weitet sich das Blickfeld eines jungen Menschen, für den der Ortswechsel zugleich die Berührung mit neu zu stellenden Fragen in einer noch heilen Kinderwelt bedeutet.

Albrechts Erziehung wird in Steglitz der Großmutter mütterlicherseits anvertraut. Sie war mit einem Thüringer Mathematikprofessor verheiratet gewesen und lebt nun als Witwe im Haushalt ihres Sohnes. Die Wurzeln für die Zuneigung von Albrecht Goes zur Mathematik, sein diszipliniertes und ausgewogenes Herangehen an gestellte Aufgaben, sind vermutlich hier zu suchen. In diesem Berliner Bürgerhaus hat sich »Gesittet-Würdiges« erhalten. Das wird 1936 in einem liebevoll gestalteten »Bildnis der Großmutter« so charakterisiert: »Es war eine andere Weltzeit, beinahe meinte man ein anderer Weltteil, auf dem wir in der dröhnenden Gegenwart lebten. Man sah zurück, und da waren sie nun alle noch: die Burschenschaftsbecher, die Schlummerrollen, der Schreibtisch mit den verzierten Schlüsseln, das Porzellanfigurenwesen und die Gedichte Ferdinand Freiligraths – mit gespensterhafter Genauigkeit sprach sich da eine versunkene lebendig begrabene Epoche aus« (LL 146).

Die Großmutter prägt die Kindheit ihres Enkels, worüber sich Goes später mehrfach dankbar geäußert hat. Sie kümmert sich um die religiöse Erziehung, vermittelt Geborgenheit, und in der Herzlichkeit ihres süddeutschen Wesens bleibt auch »Hausbackenes und Tiefsinnig-Heiteres« (LL 147) nicht verborgen. Albrecht Goes wird Schüler am Gymnasium in Berlin-Steglitz, das der breiteren Öffentlichkeit in Deutschland ein Begriff ist. Im Jahre 1896 hatten Steglitzer Gymnasiasten unter Leitung ihres Mitschülers Karl Fischer (1881 bis 1941) den Böhmerwald erwandert und versucht, auf diese Weise einen jugendspezifischen Lebensstil zu entwickeln. 1901 ist dann zunächst als ein Ausschuß für Schülerfahrten der spätere Bund »Wandervogel« begründet worden. Er steht seitdem als Synonym für eine die unterschiedlichsten Bereiche erfassende Jugendbewegung, die neue kulturelle und politische Ziele verwirklicht sehen möchte und überkommene Konventionen der bürgerlichen Gesellschaft ablehnt. Vielfältig erweisen sich die Reformbestrebungen, um ein verinnerlichtes Verhältnis zum Leben zu gewinnen. Meist sind nur vage Vorstellungen über eine real mögliche politische Zukunft vorhanden. Es herrschen romantisch-schwärmerische Äußerungen vor, und in diesem Sinne werden geistige Auseinandersetzungen in Verbindung mit Naturverbundenheit, Volkslied und Volkstanz gepflegt. Das neue Gemeinschaftsgefühl erweist sich von langzeitiger und lebensprägender Wirkung für viele junge Menschen. Albrecht Goes fühlt sich dieser Jugend zugehörig, die Ehrfurcht kennt und sich auf Werte besinnt, deren Inhalt keineswegs dem Gebaren der seit August 1914 einen ungerechten Krieg führenden deutschen Monarchie entspricht.

Es gibt verschiedene Betrachtungen von Goes, die zum Ausdruck bringen, welche unauslöschbaren Eindrücke ihm die Berliner Jahre vermittelt haben. Da kann man in »Die Knabenbühne« (RE 46) nachlesen, wie der Neunjährige für sein Kindertheater Werke Friedrich Schillers phantasiereich umsetzt. Diese Neigung erhält sich einige Zeit, wobei die Großmutter dazu beiträgt, daß ihm ständig Literatur vermittelt wird. Neben anderen stehen Geschichten von Johann Peter Hebel und Balladen Ludwig Uhlands am Anfang der literarischen Entdeckungen von Albrecht Goes. Auch erweisen sich astronomische Interessen als besonders stark, die mit beharrlichem Eifer betrieben werden. Hier ist der Onkel dem Wißbegierigen ein vermittelnder Gefährte. In Berlin-Treptow wird die Sternwarte bewundert, wo das große Fernrohr im Kuppelsaal steht. »... wenn es Wünsche des Knaben gab, dies war einer von den heißesten Wünschen: dieser Fernrohrkönig zu sein« (LL 29).

Kommt der junge Albrecht aus der Großstadt einmal jährlich in den Sommerferien nach Hause, fühlt er sich keineswegs geborgen. »Wie war das? Ihr lachtet, weil ich so schnell sprach im Tonfall der Berliner Schulkameraden; aber wie hätte ich denn anders sprechen sollen? Ihr wolltet, daß ich mich unter den Pflaumenbaum beim Schütteln stelle, um das zu beweisen, was ihr das ›Heldentum‹ nanntet, und das furchtsame Berliner Kriegskind in den schweren Holzschuhen war für euch fast eine komische Figur. Witzig und scharf wart ihr, und ich kam aus der Großmutterwelt, in der es kein derbes Wort gab« (T 157).

In der Berliner Singakademie erlebt Albrecht Goes die Musik von Johann Sebastian Bach. Noch nach Jahren sieht er sich in einer weißen Matrosenjacke im Festsaal sitzend, um etwas zu hören, von dem er nie wieder loskommen wird. Hier erschließt sich ihm erstmalig die Klangwelt eines Musikers, dessen Anliegen ihn tief berührt. Mehrfach hat Goes später Bachs Wollen und Vollbringen meisterhaft in Essays, in der Predigt und im Gedicht ausgeschöpft. »Große Musik zum erstenmal: das ist, wir wissen es alle, ein unvergeßlicher Eindruck. Leben vergißt vieles und muß ja auch vieles vergessen, um sich Platz zu schaffen für neue Erfahrungen; aber das erste Weihnachtsoratorium oder die Zauberflöte zum erstenmal – das vergißt sich nicht, es wäre schlimm, wenn es nicht so wäre« (Stunden mit Bach 20).

Im Jahre 1919 kehrt Albrecht Goes zu seinem Vater zurück, der eine Pfarrstelle in Göppingen übernimmt und dort dem Sohn einen Besuch des Gymnasiums ermöglicht.

Die musische Atmosphäre des Elternhauses trägt dazu bei, ständig mit Literatur und Musik in Berührung zu kommen. Vater Goes regt seine Kinder an, selbst Verse zu schreiben, um sich im sprachlichen Ausdruck zu vervollkommnen. Die Brüder entdecken das Werk von Thomas Mann für sich. Ein Vierteljahrhundert danach hält Albrecht Goes im »Tagebuch der ›Faustus‹-Lektüre« eine Episode fest, die die frühzeitige Verehrung für diesen Schriftsteller erkennen läßt. »Wir hatten ja schon in halben Kindertagen unser impertinentes Vergnügen daran, ganze Mahlzeiten lang am elterlichen Tisch im Stil von Thomas und Christian Buddenbrook zu parlieren; später kolportierten wir mit Erfolg die abgerissenen Sätze Mynheer Peeperkorns. Aber bei dem allem behielten wir freilich Einsicht genug, uns bei der Wiederbegegnung mit dem Original gleichsam selbst zur Ordnung zu rufen mit einem entschiedenen: immerhin, mach das mal!« (Erfüllter Augenblick 51)

An einem Sommerabend daheim begleitet der Dreizehnjährige auf dem Klavier eine Sängerin, die Goethes »Lied der Mignon« in der Vertonung von Franz Schubert vorträgt (WW 14ff). Dichtung und Musik bewegen Albrecht Goes und vermitteln neue Eindrücke. Er findet Zugang zu einem Dichter, dessen Universalität nun Orientierungen bietet und für das eigene Wirken Maßstäbe setzt.

Im Jahre 1922 besteht Albrecht Goes das seine Zukunft bestimmende »Landexamen«. Es ist für Württemberg eine Besonderheit und verhilft begabten Jungen vom 14. Lebensjahr an zu einer kostenfreien Ausbildung, die auf die Kanzel oder aufs Katheder führt. Bis 1924 besucht Goes in Schöntal an der Jagst das Theologische Seminar. Er ist einer von 40 Jungen, die auf vier Stuben verteilt hier leben und trotz gewisser Abgeschiedenheit erfahren müssen, daß an dem ehemaligen Klosterkomplex die inflationäre Entwicklung in Deutschland nicht spurlos vorübergeht. 1937 veröffentlicht Goes seine Erzählung »Der Beutezug«, die einen Einblick in die Lebensumstände des Herbstes 1923 vermittelt. Eine Wanderung führt ihn von »Schönental« nach »Baiting« (dem Geburtsort Langenbeutingen). Goes und sein Freund dürfen für Stunden den kärglich gedeckten Tisch im Speisesaal ihres Klosters vergessen. Mit reichlich gefüllten Rucksäcken kehren sie zurück, wobei dieser »Beutezug« auch neugewonnene Erkenntnisse im menschlichen Umgang hinterläßt. Mit zwei weiteren Geschichten gibt Albrecht Goes Einblick in die Gepflogenheiten des damaligen Internatslebens: »Die Einladung« (1939) und »Der Abschied« (1940). Es wird deutlich, wie sorgfältig und vielschichtig sich die humanistische und musische Bildung vollzieht und welche unverwechselbaren Spuren geblieben sind. Später hat Goes keine besinnlichheiteren Erzählungen mit autobiographischem Hintergrund mehr geschrieben. »Zu den Fabuliervergnügungen der Vorkriegszeit führte kein Weg mehr zurück« (T 167).

Entsprechend dem vorgegebenen Ausbildungsweg sind die beiden letzten Schuljahre in Urach zu absolvieren. Albrecht Goes besucht hier von 1924 bis 1926 das Evangelischtheologische Seminar. Jahrhunderte zuvor war der »Mönchshof« den »Brüdern vom gemeinsamen Leben« ein Domizil.

Seit 1818 als Seminar im Sinne der einstigen evangelischen Klosterschulen eingerichtet, werden jeweils zwei Jahre die einzelnen »Promotionen« (Seminarjahrgänge) ausgebildet, bevor anschließend der Übergang zum Studium am Stift in Tübingen erfolgt. Eduard Mörike war mit der ersten Promotion am 27. November 1818 im Seminar Urach eingezogen. Bleibende Empfindungen für eine Zeit, durch die der spätere Werdegang dieses Dichters wesentlich mitgeformt wurde, spiegelt sein Gedicht »Besuch in Urach« wider. »O Tal! du meines Lebens andre Schwelle! / Du meiner tiefsten Kräfte stiller Herd! / Du meiner Liebe Wundernest!«

Aus einer gleichartigen Ausbildungsstätte, dem protestantisch-theologischen Seminar Maulbronn, flieht 1892 Hermann Hesse. In seiner Erzählung »Unterm Rad« läßt er Hans Giebenrath sich im verborgenen Zisterzienserkloster auf ein tüchtiges Stück Leben und Freude vorbereiten. Die Bemerkung im 3. Kapitel über das Seminar Maulbronn dürfte ebenso für Urach zutreffend sein: »Zugleich sind dort die jungen Leute den zerstreuenden Einflüssen der Städte und des Familienlebens entzogen und bleiben vor dem schädigenden Anblick des tätigen Lebens bewahrt.«

Als Seminarist erschließt sich Albrecht Goes mehr und mehr die Dichtungen Hermann Hesses, dessen Erzählung »Knulp« ihm besonders ans Herz wächst. Der Ende der zwanziger Jahre aufgenommene persönliche Kontakt hat über mancherlei Zeitfährnisse hinweg bleibenden Bestand. Für Rilke und Hofmannsthal schlägt bei Goes das Interesse in Bewunderung um. Und zu den großen Vorbildern gehört fortan Thomas Mann. Die Siebzehnjährigen im Seminar Urach lesen mit Erschütterung Ernst Wiecherts Roman »Der Totenwolf«, dessen Held ein ruhelos Suchender bleibt und das wirkliche Leben nicht zu meistern vermag. So kommen in der Mitte dieses Jahrzehnts viele Bildungseindrücke zusammen. Ein Halbjahrhundert später wird 1977 das Uracher Seminar aufgelöst. Albrecht Goes gehört zu denen, die ein »Abschiedswort« (»Blätter für württembergische Kirchengeschichte«, 77/1977, 161 ff.) sprechen. Neben Wehmut bleibt Dankbarkeit, weil sich vor allem das geistliche Leben im Seminar bestimmend für seine weitere Entwicklung erwiesen hat.

Über die Arbeit im Schülerbibelkreis findet Albrecht Goes Zugang zum »Bund der Köngener«. Diese 1919/20 in Würtemberg entstandene Bewegung nennt sich nach dem Ort der ersten gemeinsamen Tagung, der Jugendherberge im Schloß Köngen am Neckar. Er geht dieser Gesinnungsgemeinschaft nicht um Satzungen und Programme. Im Sinne eines freien Christentums will man lebendige und tatbereite Gläubigkeit vermitteln. Geist und Haltung der Köngener sind vom »Wandervogel« inspiriert, wobei es vorwiegend das Anliegen dieses Bundes ist, aktiv in das geistige Ringen der Zeit einzugreifen und auf eine religiöse Erneuerung zu orientieren. Bürgerliche Ordnungen werden angezweifelt, denn sie können suchenden jungen Menschen keine Lebenshilfe mehr sein. Der angestrebte Lebensstil drückt sich bereits in der Kleidung aus: Für die Seminaristen ist der Schillerkragen ein gewisses Statussymbol, und Kniehosen bzw. kurze Hosen sowie bunte Westen runden die äußere Erscheinung ab. Die einmal jährlich stattfindenden Arbeitswochen der Köngener sind stets sorgfältig vorbereitet, und wenn es um geistige Auseinandersetzungen geht, geschieht dies in respektierter Offenheit, um vielfältige Denkanstöße zu vermitteln. Tanzen, Singen und Wandern gehören zum Programm der Begegnungen. Gepflegt und vertieft werden literarische Interessen, die ganz wesentlich sind, um einen festen Grund für das innere Sein und Werden zu finden.

Daß der »Bund der Köngener« im Laufe seiner Entwicklung zeitbedingten Spannungen weitestgehend standzuhalten vermag, soll sich 1933 zeigen. Hatte Wilhelm Hauer einst der sich neu bildenden Gemeinschaft Richtung und Ziel gewiesen, ist er es, der nun den Parolen der faschistischen Machthaber von radikaler religiöser Erneuerung verfällt. In dieser Situation stellen die Köngener mit Pfarrer Rudolf Daur (1892–1976) eine Persönlichkeit an die Spitze des Bundes, die ausgleichend wirkt und das Wort der Bekennenden Kirche respektiert. Daur wird ganz entscheidend von Hans Grischkat bei der Erledigung organisatorischer Aufgaben unterstützt. Als Gründer von Singkreisen in Schwaben zählt Grischkat seit den zwanziger Jahren zu jenen namhaften Musikern, die die Singbewegung in Deutschland entwickelt und gefördert haben.

Wenn Albrecht Goes einmal schreibt, er »habe die Einzelgängerei mehr geliebt als jedes Kollektiv« (T 164), dürfen wir wohl trotzdem davon sprechen, daß ihm die Köngener Erfahrungen und Erlebnisse vermittelt haben, die nicht ohne Einfluß auf das in Jahrzehnten entstandene literarische Werk geblieben sind und weiterhin bleiben. Solche Gedanken bewegen natürlich noch nicht den Uracher Seminaristen, dessen nächstes Ziel erst einmal das Theologiestudium ist. 1926 hört Goes in Tübingen zunächst ein Semester lang Vorlesungen auf dem Gebiet der Deutschen Literatur, bevor er sein Studium am berühmten Stift aufnimmt. Diese Bildungsstätte haben mehr als hundert Jahre zuvor auch Hegel, Hölderlin und Mörike besucht, ehe ihre Ideen und Dichtungen dann die Zeitgenossen und Nachgeborenen tief berühren. Nun ist Goes ein »Stiftler«, einer der 40 Stipendiaten aus den vier Jahrgängen, die hier jeweils studieren. Er liebt das Selbststudium, bezeichnet sich noch im nachhinein als »sträflich fauler Kollegbesucher« (Brief vom 24. August 1970 an G. Wirth), versäumt aber nicht, sich neben Augustinus und Thomas von Aquin auch lebhaft für Nietzsche zu interessieren.

Der neunzehnjährige Student ist im Dezember 1927 Gast im Benediktinerkloster Beuron. Ein vom Kerzenlicht durchdrungenes Dunkel in der Klosterzelle, wo er allein die Nacht verbringt, bietet Einfühlung in Leben und Geisteswelt katholischer Mönche. In diesen Stunden wird sich Albrecht

Goes bewußt, wo zwischen den Kirchen das Bindende zu suchen ist. Er erkennt, welche Zielrichtung sich für sein eigenes Wollen abzuzeichnen beginnt. »Ich weiß, wohin ich will, und ich denke, daß es ein weiter Weg sein wird. Aus dem Wort will ich Leben schlagen, wie einer Feuer schlägt aus dem Stein« (Krankenvisite 40 f.).

Als Goes dann im folgenden Jahr in Berlin sein Studium fortsetzt und Vorlesungen von Romano Guardini über Pascal hört, empfindet er dies als einen Gewinn. Das alles kommt seinem Wissensdrang zugute. Je tiefer sich ihm nun auch das katholische Weltbild erschließt, um so aufgeschlossener nimmt er wahr, wie gegenwärtig das gesegnete Leben sein kann, wenn sich im Verstand und im Herzen eines schöpferischen Menschen viele Dinge zusammenfinden.

Weil man 1929 allerorts den 100. Jahrestag der Wiedererweckung von Bachs »Matthäuspassion« durch Felix Mendelssohn Bartholdy musikalisch feiert, wird es wohl um diese Zeit gewesen sein, daß Albrecht Goes dieses Werk für sich entdeckt. »Kommt, ihr Töchter« (MM 111 ff.) überschreibt er seine Erinnerung, wobei Reutlingen und der Dirigent Hans Grischkat ungenannt bleiben. Dieser Karfreitag kann seine einmalige Entsprechung nicht verlieren, weil Natur, Musik und Glaubensbereitschaft zu einer Einheit verschmelzen, weil diese klangerfüllten Stunden im Dämmer des Kirchenschiffes etwas heraufbeschwören, was zur Verheißung wird. Hier sind Antworten gegeben, die für Goes keineswegs nur das theologische Umfeld berühren, sondern den Blick in eine Welt künstlerischer Vielfalt lenken. Daß solche Feiertage der Kunst als eine Hoffnung empfunden werden, weil es in dieser politisch und wirtschaftlich angespannten Zeit vielfach an innerem Halt fehlt, darf zum gleichen Zeitpunkt Ernst Wiechert erfahren. »Fünfhundert Schüler singen die Matthäuspassion« – das ist für diesen Dichter am 25. März 1929 in Königsberg ein unvergeßliches Ereignis, wenn man über verwirklichte Träume jener Jahre spricht.

Albrecht Goes nimmt seit den Jugendtagen Anteil am politischen Geschehen, er weicht den hier gestellten Fragen nicht aus. Die Eltern sind nicht etwa das, was man politische Menschen nennt, aber sie fühlen sich innerlich dem evangelischen Theologen und Politiker Friedrich Naumann (1860 bis 1919) verbunden, für den sie 1908 sogar im Heilbronner Wahlkreis aktiv wurden. Liberalismus und Demokratie sind für Naumann die Voraussetzungen für die Verwirklichung seiner politischen Ideale. Er gehört zu den Christlich-Sozialen, für die ursprünglich der Sozialismus ein unumgängliches Ziel ist. Indem er jungen Menschen bereits 1894 rät, neben der Bibel auch Karl Marx zu lesen, macht er deutlich, wie er sich aus seiner Sicht eine deutsche Entwicklung vorstellt. »Naumanns Bild, das ernste Bild des Mannes, der die verkörperte Vaterlandssorge war, hing, solang ich denken kann, im Arbeitszimmer des Vaters, und sooft ich später im Leben an das Grab der Mutter im Schöneberger Friedhof kam, besuchte ich, zwei Grabreihen weiter, Naumanns Grab« (Noch und schon 109).

Die sozial-liberale Grundhaltung, die im Elternhaus gepflegt wird, entspricht später dem Herangehen von Albrecht Goes an aktuelle politische Ereignisse. Es sind nicht restaurative Kräfte, denen seine Stimme gilt, sondern jene, die sich bereit zeigen, aus Fehlern der Vergangenheit zu lernen. Der Vater bleibt ihm in vieler Beziehung Vorbild; dessen Wirken als Pfarrer und Prediger beeinflußte ja den eigenen Berufswunsch und -weg. Jahrzehnte später weilt Albrecht Goes am Krankenbett des Dreiundachtzigjährigen. Die in »Lautloser Dialog« (T 154 ff.) skizzierte Zwiesprache macht dem Leser bewußt, daß es im Hause Goes nie um Halbheiten gegangen ist, sondern vom Vater viel gefordert wurde. Wenn Albrecht Goes nun im Dezember 1957 Abschied von ihm nimmt, läßt er »das eine wahr sein, was immer gilt: daß es ein Glück ist, diesen Vater zu haben, noch immer zu haben« (T 160).

Am 23. März 1930 erfolgt die Ordination von Albrecht Goes in der Tuttlinger Stadtkirche. Ordinator ist der Vater, und zu den Zeugen gehört der Bruder Helmut Goes, seit zwei Jahren selbst im Pfarramt. Er hat seinerzeit zusammen mit Dietrich Bonhoeffer studiert, war Schüler von Karl Barth und tritt nach 1933 aktiv für die Bekennende Kirche ein. Seine in Heft 38 der Schriftenreihe »Theologische Existenz heute« veröffentlichte »Neujahrspredigt 1936« weist den Standort deutlich aus. Helmut Goes gehörte zu den Freunden und Mitarbeitern von Karl Barth, was im November 1968 einem Besuch des Bruders Albrecht bei diesem aufrechten Theologen und Mozart-Liebhaber förderlich ist (»Erster und letzter Besuch«, T 175 ff.).

Als Vikar wird Goes in Echterdingen eingesetzt. Es schließen sich zwei Jahre Dienst in Stuttgart an, und dann folgt 1933 bis 1937 die Pfarrstelle in Unterbalzheim bei Ulm. In dieser Zeit finden seine literarischen Anfänge zunehmend Beachtung. Der Dreiundzwanzigjährige legt 1932 im Selbstverlag »Verse« vor, die in einer Auflage von 250 Exemplaren weitergereicht werden. Solche Zeitschriften wie »Eckart« und »Die Neue Rundschau« bringen Arbeiten des jungen Autors. Er widmet sich hier auch Buchbesprechungen, und schon 1932 lassen sich Rezensionen von Neuerscheinungen solcher Dichter wie Jakob Wassermann, Ernst Wiechert, Ruth Schaumann und Franz Nabl nachweisen. Wir müssen berücksichtigen, daß es nach der Machtergreifung durch die Faschisten im zunehmenden Maße keine Pressefreiheit mehr gegeben hat. Beiden Blättern ist es aber noch einige Zeit möglich, sich Elemente der freien Meinungsäußerung zu erhalten. Doch eines Tages läßt es die Gewaltherrschaft nicht mehr zu, ohne Kompromisse gegenüber dem herrschenden System die publizistische Tätigkeit solcher Zeitschriften fortzusetzen, deren literarisch-kulturpolitischer Aussagewert durchaus Maßstäbe setzt.

Für Albrecht Goes gibt es keine Zugeständnisse. Man

sieht in ihm damals einen jungen Lyriker, der sich an die Tradition gebunden fühlt und dem revolutionäre und pathetische Töne überhaupt nicht liegen. Und als dann neben zwei Gedichtsammlungen und mehreren Evangelienspielen 1936 die Betrachtungen »Lob des Lebens« in der anerkannten Stuttgarter Deutschen Verlags-Anstalt erscheinen, wird deutlich, wie Goes das Menschenleben in Landschaft, Sternenwelt und Gottvertrauen einbettet. Hier spricht kein Rebell, es findet keine Interpretation dessen aus völkischer Sicht statt, was man um diese Zeit unter Heimattum und Verwurzeltsein versteht, sondern ein Dichter der jungen Generation nimmt den Leser an die Hand und läßt ihn auf seiner Wanderschaft auch Herkunft und Tod bedenken. Zum Jahreswechsel 1935/36 bietet Albrecht Goes im »Eckart« (12/ 1936, 1 ff.) eine Würdigung seiner schwäbischen Heimat als »Philosophisches zum Neuen Jahr«, ohne auch nur mit einem Satz den bei solchem Anlaß eigentlich unvermeidlichen Zeitbezug herzustellen!

Wer in das Pfarramt auf dem Dorf hineinwächst, hat sich im menschlichen Zusammenleben anderen Gebräuchen als in der Stadt zu fügen. Man ist näher beieinander, was geschieht, bleibt kaum verborgen und berührt, wobei es sich keinesfalls um die Befriedigung von Neugier handelt. Als Dreißigjähriger erlebt Albrecht Goes, wie unverwechselbar ein Dorfgesicht mit dem des Nachbarortes ist. Seine Betrachtung »Das Dorf« (LL 85 ff.) macht augenscheinlich, welche Verantwortung auf jenen ruht, die hier das Evangelium zu predigen haben. Im Jahre 1933 heiratet Albrecht Goes die schwäbische Beamtentochter Elisabeth Schneider. Drei Töchter wachsen in dieser Pfarrerfamilie heran, die 1938 nach Gebersheim bei Leonberg übersiedelt und dort 15 Jahre nicht nur einen Wirkungskreis, sondern auch innere Zuflucht findet.

Albrecht Goes selbst hat zunächst nur eine kurze Wegstrecke vor sich, um dort als Seelsorger und Künstler mit den vertrauten Bereichen Sprache und Dichtung zu leben. Deutlich zeichnet sich ab, wohin das politische Streben der Faschisten drängt. Das Münchener Diktat vom September 1938 und die zunehmende Vernichtung aller jüdischen Lebensäußerungen seit dem Terror in der Pogromnacht 9. November zeigen die Aggressivität der Faschisten. Wer in solcher Situation über Mörike schreibt und das Buch 1938 bei Cotta in Stuttgart verlegen läßt oder eine Besinnung »Über das Gespräch« (1938) nennt, um dort Wesenszüge der menschlichen Kommunikation zu interpretieren, der weicht nicht hilflos den Ängsten des Tages aus, sondern strebt nach der Erhaltung großer Wahrhaftigkeit. Seit 1936 hat Albrecht Goes die Möglichkeit, manche Arbeit in der »Frankfurter Zeitung« zu veröffentlichen. Für den literarischen Bereich zeichnet Wilhelm Hausenstein verantwortlich, ein jüngeren Autoren wohlgewogener Redakteur, so daß Goes bis 1943 im Literaturblatt, im Feuilleton und in der Frauenbeilage dieser Zeitung etwa 80 Beiträge unterbringen kann.

Der Ausbruch des zweiten Weltkrieges bedeutet für den 31jährigen Albrecht Goes eine sein Leben und Schaffen tief berührende Zäsur. Er muß mit Militärdienst rechnen, weil in seinem Alter nur Pfarrer mit vier und mehr Kindern davon verschont bleiben. Am Silvesterabend 1939 trägt der Dichter im verdunkelten und verschneiten Stuttgart-Feuerbach im Kreise der Köngener seine Betrachtung »Der Liebende« vor, die einige Monate später im Goethekalender 1940 erscheint. Dann zwingen fünf Kriegsjahre Goes, als Soldat, später als Lazarett- und Gefängnispfarrer, im Osten und Südosten Europas einem ungeliebten Machthaber zu dienen. Wer heute den 1942 entstandenen Essay »Das Heimweh« (MM 199 ff.) liest, der spürt, wie schwer es für Goes gewesen ist, die Zuversicht nicht zu verlieren. »Heimweh ist eine Antwort der Seele auf den Ruf der Treue. Was da unter Schmerzen geboren wird, ist es nicht das innigere, das dankbar neue gelebte, das wesentliche Leben?« (MM 203)

Der Einsatz von Albrecht Goes im Dezember 1940 in Österreich ist nur vorübergehend. Als Soldat erlebt er Grillparzers Trauerspiel »Des Meeres und der Liebe Wellen«, was zu den Tagebuchnotizen »Hero in Wien« (»Die Neue Rundschau«, 52/1941, 299 ff.) anregt. Auf dem Balkan erreicht ihn 1942 die Nachricht vom Erscheinen einer Sammlung »Die guten Gefährten«. Der Stuttgarter Verlag Cotta hatte ohne sein Zutun eine Auswahl von Prosastücken zusammengestellt. In dieser Zeit veröffentlicht, sollen sie mehr als nur den Charakter von flüchtigen Begegnungen haben. Es werden Gestalten (u. a. Goethe, Fleming, Hebel, Mörike, Uhland, Mozart) heraufbeschworen, die nicht zu den »falschen Propheten« zählen, sondern als Weggefährten nachahmenswerte menschliche Haltung zum Ausdruck bringen. Wer zwischen den Zeilen zu lesen versteht, der wird verschlüsselt manchen Gedanken finden, der sich damals nur so und nicht deutlicher aussprechen ließ.

Im Sommer des gleichen Jahres finden wir Albrecht Goes dann als Lazarett- und Gefängnispfarrer in der Ukraine. Eindrücke und bittere Erfahrungen dieser Monate werden nach dem Kriege in den Novellen »Unruhige Nacht« (1949) und »Das Löffelchen« (1963) verarbeitet. Goes glaubt fest daran, daß eines Tages ein Neubeginn aus der Verantwortung christlichen Glaubens möglich sein wird. Er ist 1943/44 weiterhin als Seelsorger in Polen eingesetzt und wird dann infolge des Vormarsches der Roten Armee auf Lemberg im Mai 1944 nach Ungarn verschlagen. Das bedeutet vielleicht Lebensrettung für ihn, weil in diesem bereits von sommerlicher Heiterkeit erfüllten Land das Kriegsgeschehen schon anderen Gesetzen verpflichtet ist als dort, wo er herkommt. Goes begegnet erstmalig wieder wohlgekleideten Juden, und als er bei einem Arzt Quartier zugewiesen bekommt und Vater und Sohn ihm gegenüberstehen, schaut er in furchterfüllte Augen. »Begegnung in Ungarn« (WW 211 ff.) nennt Goes diese Erinnerung. Er findet ein überzeugendes hebräisches Trostwort für diese beiden Juden, deren Leid sich nun in Hoffnung verwandelt. »Was Fremde war und Angst – es ist alles versunken. Der Herr, unser Gott, ist ein einiger Gott« (WW 215). In vielen Dichterlesungen der fünfziger Jahre trägt Albrecht Goes gerade dieses Stück Prosa vor, um seinen Standpunkt im Dienste der Völkerverständigung kundzutun.

»Solange wir leben, wird es für uns keinen Frühling mehr geben ohne eine Erinnerung an die Märztage des Jahres 1945; und gerade Karfreitag können wir nicht begehen, ohne daß nicht der letzte Kriegs-Karfreitag uns vor die Seele tritt: in einer Gebärde, einem Duft, einem Tonfall, einem Wort – vielleicht auch in einem ganzen Bündel der Mahnung und des Gedenkens« (Erfüllter Augenblick 36). Die letzten Wochen, in denen Albrecht Goes so wie Millionen an das Überleben denkt, um zur Familie heimkehren zu dürfen, hinterlassen unverwischbare Erlebnisse, die sich eines Tages literarisch manifestieren. Der Lazarettpfarrer Goes kommt in Znaim an der Theya (Österreich) weiterhin seinen Verpflichtungen nach. Nun hat er – wie sich später zeigt – den letzten Feldgottesdienst vor der Zeit der Gefangenschaft zu halten. »Karfreitag 1945« (Erfüllter Augenblick 36 ff.) überschreibt er seine Rückbesinnung an diesen Tag. Die Soldatenlieder verstummen endgültig, dafür bleibt Paul Gerhardt mit seinem »Wenn ich einmal soll scheiden, so scheide nicht von mir« gegenwärtig.

Im Juni 1945 wird Goes aus amerikanischer Gefangenschaft im Bayrischen Wald in der Nähe von Passau entlassen (Im Weitergehen 47 ff.). Die Wiese bei Tittling, nun ein Durchgangs- und Entlassungslager, weckt Hoffnung und Scheinhoffnung in den Herzen derer, die ungeduldig nach den Jahren des Schreckens einen Neuanfang erwarten, wobei keiner der Männer weiß, wie es außerhalb des Zaunes aussehen wird. Bevor Albrecht Goes seine Familie wiedertrifft, kehrt er für Stunden in Rittsteig bei Hans Carossa

(1878–1956) ein, dem seine freundschaftliche Verehrung gehört.

Dieser Dichter zählt für uns zu jenen national-konservativen Autoren, die sich nicht erst nach 1933 in die Welt realitätsferner Verinnerlichung geflüchtet haben. Weil vorwiegend dem Bildungsbürgertum in Deutschland die Bücher Carossas wegen ihrer zeitlosen humanistischen Tendenz Trost gespendet haben, wäre es falsch, diesen Autor der »inneren Emigration« zuzurechnen. Seine Aussagen über den Krieg erfolgen im Sinne von Bejahung als höherer Fügung und üben so eine gefährliche Wirkung aus. Carossa hat sich mehrfach den Nazis in kaum verständlicher Weise dienstbar gemacht. Die 1951 im Lebensbericht »Ungleiche Welten« formulierten Rechtfertigungen für sein Verhalten muten stellenweise naiv an. Unabhängig davon darf nicht unerwähnt bleiben, daß sich Hans Carossa nicht ohne Erfolg für Menschen eingesetzt hat, die sich in Gefahr befanden. Albrecht Goes widmet diesem Dichter, der für seine Generation eine starke Vorbildwirkung ausstrahlte, zwei Betrachtungen: »Zauber der Verwandlung« (RE 64 ff.) und »Der Briefträger« (T 196 ff.). In beiden autobiographischen Arbeiten ist die Nachkriegsbegegnung aufgeschrieben, die auch Carossa am Ende des schon genannten Lebensberichtes für erwähnenswert hält.

»Der Krieg, der jeden von uns unversehens in eine ganz neue Tuchfühlung mit vielen von denen brachte, die einst unter und gegenüber oder auch ganz fern von unsrer Kanzel saßen, hat uns nicht wenige Täuschungen zerstört und nicht wenige Hoffnungen enttäuscht; andre Hoffnungen aber hat er bestärkt, und indem er uns ein neues Augenmaß für wesentlich und unwesentlich vergönnte, hat er den innersten Auftrag von neuem freigelegt, und ihm ist einfach und fröhlich recht gegeben.« Diese Sätze finden wir in einem von Albrecht Goes 1941 geschriebenen Vorwort zu dem von ihm im Auftrage des Evangelischen Pfarrvereins in Württemberg herausgegebenen Band »Wir Pfarrer heute«. Um den »innersten Auftrag« sich nun zu bemühen, das Leben des einzelnen in seiner Geborgenheit und seiner Verlassenheit zu begreifen, was in dieser allgemeinen Nachkriegsnot besonders schwer ist, das alles sind Verpflichtungen, die Pfarrer Goes zu Hause erwarten. Dem Heimgekehrten ist es in Gebersheim wieder um die Menschen seiner Gemeinde zu tun. In der Aufzeichnung »Der Dorfpfarrer« (RE 124 ff.) gibt er einen Einblick in das Alltagsleben und macht deutlich, von welcher Unrast viele Tage erfüllt sind. Für Albrecht Goes muß sich zwangsläufig die Frage stellen, wie er in Zukunft seinen seelsorgerlichen Dienst mit dem literarischen Schöpfertum so verbinden kann, daß sich keine Aufgabe zur Nebensache entwickeln muß.

In einigen süddeutschen Städten spricht Goes 1946 über Hermann Hesse. Diese im Dezember des gleichen Jahres in Berlin (West) im Suhrkamp Verlag erscheinende Rede ist als Broschüre heute eine Kostbarkeit des Büchermarktes, weil diese bescheidene Ausgabe nach den Jahren des Terrors eine verheißungsvolle Neubesinnung mit eingeleitet hat. Goes trifft Ende der vierziger Jahre mit dem Verleger Gottfried Bermann Fischer zusammen und entscheidet sich für die weitere Zusammenarbeit mit dem S. Fischer Verlag, der nach der Trennung von Peter Suhrkamp in seiner ursprünglichen Form wieder hergestellt wird. Bei Bermann Fischer verbleibt ein Autor, der »mich mit seiner menschlichen Güte und Wärme tief erfreute«, wie der Verleger in seiner Autobiographie »Bedroht–bewahrt« (Ausgabe 1970, 306) schreibt.

Im Frühjahr 1949 liegt die »Schwäbische Herzensreise« vor, ein mit Zeichnungen und Aquarellen von Gottlieb Ruth versehenes Bändchen. Als Tagebuch einer Reise mit dem Fahrrad durch Schwaben konzipiert, zeigt dieser besinnliche Bericht die Heimatliebe eines Dichters, der mit der Geistesgeschichte des Landes bestens vertraut ist und für den von der Natur stets ein empfindsamer Zauber ausgeht. So wird von

Albrecht Goes ein neuer, beglückender Anfang auch in literarischer Hinsicht gewonnen.

Nach dem Erscheinen von »Unruhige Nacht« ist dem nun 40jährigen Dichter ein fester Platz in der deutschsprachigen Literatur zugewiesen. Selbst wenn unsere Übersicht nicht vollständig sein kann, lassen sich Übersetzungen der erfolgreichen Novelle in mindestens 17 Sprachen nachweisen. Die Forderungen, sich nun immer stärker im Gespräch den Lesern zu stellen, nehmen zu. Albrecht Goes unternimmt Vortragsreisen und kommt auch in die DDR, wo er bereits am 18. Mai 1952 auf Wunsch des Amtes für Gemeindedienst in Leipzig aus eigenen Werken liest. Er nimmt 1954 am 6. Deutschen Evangelischen Kirchentag in Leipzig teil und predigt in der Marienkirche in Leipzig-Stötteritz. Als er drei Jahre später wieder einmal zu Lesungen in der DDR weilt, sendet ihm der Stellvertreter des Vorsitzenden des Ministerrates der DDR und Vorsitzende der CDU, Dr. Otto Nuschke, einen persönlichen Gruß. Goes dankt im November 1957: »Ich war froh, Gelegenheit gehabt zu haben, in einigen Städten den mir vom Geist gewiesenen Dienst tun zu können. Ich bin sehr vielen lebendigen und aufgeschlossenen Hörern begegnet« (vgl. »Neue Zeit« vom 22. März 1958).

Unter den vielen, die in der DDR für Albrecht Goes, für Lesungen und für Veröffentlichungen von ihm und über ihn eingetreten sind, sollten wenigstens Günter Jacob, Herbert Dost vom Leipziger Amt für Gemeindedienst, Hans Giesecke und Karlheinz Ulrich genannt werden – Karlheinz Ulrich, der dem Dichter in der Dresdner »Union« viel Raum gegeben hatte, Hans Giesecke als Kritiker in den »Zeichen der Zeit«.

Das Engagement des Dichters seit Anfang der fünfziger Jahre im Interesse zunehmender Kontakte mit seinen Lesern – auch solche Sachverhalte beeinflußten natürlich die Entscheidung mit, um die Beurlaubung vom Pfarramt zu bitten. Albrecht Goes findet Verständnis bei seinem Landesbischof. Die Familie verläßt Gebersheim und zieht nach Stuttgart-Rohr um, wo nun kein Pfarrhaus mehr zur Verfügung steht. Der Dichter lebt seit 1953 als freier Schriftsteller. Bis zur Vollendung seines 65. Lebensjahres nimmt er mit großer Regelmäßigkeit 19 Jahre einen Predigtauftrag wahr, der ihn verpflichtet, jeden Monat an zwei Stuttgarter Kanzeln das Evangelium auszulegen. Die bisher erschienenen Predigtbände vermitteln einen Einblick in seine mit innerster Hingabe ausgeübte Tätigkeit. Im Jahre 1974 verleiht die Johannes-Gutenberg-Universität in Mainz Albrecht Goes die Würde eines Ehrendoktors der Theologie. Fünf Jahre später wird er zum Professor ernannt.

Albrecht Goes schreibt weiterhin Erzählungen, Gedichte, Bemühungen, Erwägungen und Überlegungen. Was hier in vier Jahrzehnten entsteht, findet vielerorts seine Leser. Dieser Dichter wird sich auch in Zukunft nicht von seinem Weg abbringen lassen. Ein Verlangen nach raschem Erfolg bleibt ihm fremd. Ohne Geduld ist es einem Schaffenden wie Goes nicht möglich, seine Arbeitsvorhaben zu vollenden. Er ist ein willkommener Redner bei festlichen Anlässen, vorwiegend bei solchen, die jenen Persönlichkeiten gewidmet sind, denen seit Jugendtagen seine Zuneigung gehört. Als Erika Mann 1969 in Kilchberg begraben wird, hält er aus Verbundenheit mit der Familie die Trauerrede. Da die folgenden Kapitel auf das literarische Schaffen sowie die Reden und Predigten des Dichters und Pfarrers im Detail eingehen, kann hier auf eine summarische Aneinanderreihung der Werke verzichtet werden. Die dem Band beigegebene Bibliographie enthält zusätzlich alle wünschenswerten Angaben.

In einem Interview aus dem Jahre 1984 bringt Albrecht Goes zum Ausdruck, daß die »Jein«-Sager nicht seine Freunde sind. Wer Gewalt und Grausamkeit erlebt hat und für das Wachsein der Menschen eintritt, der liebt keine bequemen Worte. »Die Bergpredigt Jesu enthält in der Nußschale auch schon die rechte Bürgerpredigt: ›eure Rede sei Ja Ja – Nein

Nein‹« (Noch und schon 111). Seine ihm als Bürgerpflicht auf-
erlegte Haltung bedenkend, ist Goes stets unter denen zu
finden, die sich um eine unmißverständliche Antwort bemühen, wenn die Bewahrung unseres Menschseins zur Sprache
kommt. Daraus leitet sich für ihn die unumstößliche Ver-
pflichtung ab, jede auch nur keimende Form von Antisemi-
tismus zu bekämpfen. Er selbst hat sich in den Jahren gereif-
ter Lebenserfahrung den Zugang zur Welt des Judentums
mehr und mehr erschlossen. Seine Verehrung für den Religions-
philosophen Martin Buber geht bis in die Studentenzeit zurück, und 1934 bat er ganz bewußt gerade ihn um geistigen
Beistand, um seine Verantwortung in einem Unrechtsstaat
dennoch gewissenhaft wahrnehmen zu können. Stets fühlt sich
Albrecht Goes denen zugehörig, die für eine Aussöhnung eintreten, um das zwischen 1933 und 1945 am jüdischen Volk
geschehene Unrecht zu lindern. Die 1962 erfolgte Auszeich-
nung mit dem Heinrich-Stahl-Preis durch die Jüdische Gemeinde in Berlin (West) und die Verleihung der Buber-Ro-
senzweig-Medaille 1978 bedeuten Zustimmung für die christlich-jüdische Zusammenarbeit eines auch in dieser Hinsicht
unermüdlich engagierten Dichters.

Anläßlich eines Treffens der Mitglieder und Freunde des
»Bundes der Köngener« im Januar 1959 in Stuttgart ist es Albrecht Goes, der über »Unaufgearbeitete Vergangenheit« re-
feriert. Er fordert unter anderem den Verzicht auf Macht als
Selbstzweck und setzt sich dafür ein, die Zukunft hoffnungsvoll zu gestalten. Mancher Appell, der eine friedliche Entwicklung zu fördern beabsichtigt und sich bemüht, Konflikte
einzudämmen oder auszuräumen, trägt seine Unterschrift als
Mitunterzeichner. Daß der Friedensrat der DDR den Dichter zum 80. Geburtstag mit der Deutschen Friedensmedaille
auszeichnete, ist Dank für seine Bemühungen um Ausgleich
und Verständigung. Als im November 1974 gegen Bischof
Kurt Scharf in Berlin (West) eine regelrechte Kampagne ent-
facht wird, weil er inhaftierte Mitglieder der Baader-Mein-

hof-Gruppe im Gefängnis besucht hat, bekundet Albrecht Goes gemeinsam mit anderen westdeutschen Persönlichkeiten seine Solidarität mit dem Getadelten.

Der innere Weg von Albrecht Goes ist ohne die Begleitung durch die Tonkunst unvorstellbar. Er liebt das Werk des großen Johann Sebastian Bach und lebt mit Mozarts Musik, die sich ihm seit Jahrzehnten wegen ihrer Schönheit unaufhörlich neu erschließt. Daß Goes in der Lage ist, Mozart-Briefe 1979 in einer Taschenbuch-Auswahl herauszugeben, zeugt von seiner Kennerschaft auf musikalischem Gebiet. Des Dichters Rundfunkvortrag zu Neujahr 1985 »Liebe zu Bach« macht manchen gutgemeinten Festbeitrag anderer Autoren zum Bach-Jubiläum überflüssig.

Die Lebenszuversicht, die dem Werk des Dichters und Pfarrers Albrecht Goes innewohnt, gibt uns das Recht, ihn zu den markantesten Persönlichkeiten christlicher Dichtung im 20. Jahrhundert zu zählen. Wer sich für Schuld, Not, Sorge und Zukunft des eigenen Volkes und aller Völker mitverantwortlich fühlt, erreicht bei allen Menschen guten Willens ein offenes Ohr. Deshalb wird sein unverwechselbarer Lobgesang auf das wunderbare Leben von seinen Lesern und Zuhörern jederzeit dankbar aufgenommen, denen er ein »guter Gefährte« ist und bleibt.

Wachen
in unruhiger Nacht

In einer Rezension über die »Tageserlebnisse eines Kriegspfarrers« (Ernst Ufer, »Menschen im Feuerofen«) konnte man
im bundes-»Deutschen Pfarrerblatt« 5/1974 lesen: »Albrecht
Goes hat in seiner Erzählung ›Unruhige Nacht‹ die Grenz-
situationserfahrung eines Kriegspfarrers beschrieben. Ufer
schildert den Alltag eines Kriegspfarrers ... Es spricht ein
Pfarrer, der wirklich Pfarrer sein will. Natürlich ist mehr
von Offizieren der höheren Ränge die Rede als von kleinen
Gefreiten. Aber der Berichterstatter muß ja den organisato-
rischen Rahmen seines Dienstes verdeutlichen ...«
Bei Goes ist in erster Linie vom »kleinen« Soldaten die
Rede; wenn von den »höheren Rängen« gesprochen wird,
dann so, wie in der Schlüsselszene des zweiten Kapitels der
»Unruhigen Nacht«:
Der Kriegspfarrer, Zentralgestalt der Erzählung, wird im
Oktober 1942 von Winniza nach Proskurow beordert, um an
der Erschießung des Soldaten Baranowski teilzunehmen. Im
Schreibzimmer des Adjutanten, des Majors Kartuschke, be-
gegnet der Pfarrer dem Kommandierenden General: »›Wo
kommen Sie her?‹ – ›Aus Winniza, Herr General.‹ – ›Und
Sie vertreten hier –?‹ – ›Kriegspfarrer Holze.‹ – ›Was ist mit
Holze?‹ Die Frage galt dem Major. Der gab zur Antwort:
›Holze ist abgelöst ...‹ – ›Ach ja, da hatten Sie die Sache
mit der Beerdigung, erinnere mich, mit den defaitistischen
Äußerungen. Na ja, war indiskutabel. Ist für morgen alles
vorbereitet? Zu eklig, wenn bei solchen Gelegenheiten etwas
nicht klappt.‹ – ›WGO stellt Sarg und Transportkommando,
Oberleutnant Ernst von III/532 führt das Peloton, das ist

alles.‹ ... Es erfolgte keine Antwort. Der General begann, den Mantel zuzuknöpfen, und wandte sich dann mir noch einmal zu. (›Sag ein Wort‹, denke ich, ›ein wirkliches Wort! Du trägst die Uniform des Clausewitz!‹) Dann kam es: ›Sorgen Sie dafür, daß die Sache glatt vonstatten geht‹« (Novellen, Berlin 1977, 22).

Und der Dichter, in Ich-Form schreibend, läßt den Kriegspfarrer kommentieren:

»Da hatte ich nun mein ›Wort‹. Nein, auf diesem Acker wächst kein lebendiges Korn mehr. Es ist Zeit, daß es damit zu Ende geht. Umgraben. Brachliegen lassen. Dornen und Disteln soll er tragen, der Acker. Dornen und Disteln trägt er lange schon. Und Giftweizen. Aber ich sagte – und empfand ... meine Feigheit wie einen gallebitteren Speichel im Mund: ›Jawohl, Herr General‹« (Novellen 22).

Zuvor war noch ein anderer Kommentar eingeschoben worden: »WGO hieß: Wehrmachtgräberoffizier. Die Zertrümmerung der Sprache ist gelungen. Wofern sie geplant war. Sie war geplant. Nimm dem Menschen die Sprache, und er wird zum Kadaver. Der Kadaver leistet Kadavergehorsam« (Novellen 22).

In vielerlei Betracht ist dies die Schlüsselszene der Novelle: Es wird vom Dichter die »Königsebene« gezeigt, und es wird in knappen Strichen, in novellistischer Zuspitzung, herausgestellt, welche Perspektiven die Königsebene für die Hauptgestalten der Erzählung vorsieht. Die Perspektive für den Delinquenten: Es muß alles glatt gehen. Die Perspektive für den Adjutanten: Er hat hierfür die Voraussetzungen zu schaffen. Die Perspektive für den Kriegspfarrer: Er hat hierfür Sorge zu tragen. Eingeschlossen ist hier (aber der Leser kennt ihn noch nicht) die Perspektive für den Leiter des Pelotons: Er muß das Urteil vollstrecken. Adjutant, Kriegspfarrer und WGO sind Theologen oder (Kartuschke) waren es: Indem zwei von ihnen die ihnen zugemessene Perspektive innerlich nicht annehmen, werden die Intentionen der Königsebene trotz praktischer Realisierung ins Gegenteil verkehrt – und die Königsebene erhält ihrerseits eine neue Perspektive zugemessen: »Es ist Zeit, daß es damit zu Ende geht.«

Das innere Nicht-Annehmen: Es artikuliert sich dies im Wort, im Zwiegespräch Kriegspfarrer – Oberleutnant Ernst, vor allem in der Begegnung Kriegspfarrer – Delinquent Baranowski, auf dialektisch zugeordneten Handlungsebenen in der »unruhigen Nacht«: Kriegspfarrer – Baranowski, Brentano – Melanie und im Gespräch des Pfarrers mit dem Fliegeroffizier . . .

Das »Nimm dem Menschen die Sprache, und er wird zum Kadaver« wird umgekehrt: Gib dem Menschen die Sprache wieder, und er wird wieder zum Menschen. Als Baranowski noch nicht weiß, mit welchem Auftrag der Kriegspfarrer gekommen ist – dieser führt sich mit einer Andacht für alle Häftlinge ein, läßt Goes den Seelsorger über die Auslegung der für die Andacht ausgewählten Perikope aus der Apostelgeschichte nachdenken: »So eine Botschaft auszulegen, das ist zu allen Zeiten und an allen Orten kein ungefährlicher Gang durch die Welt der Worte. Hier ist es noch schwieriger als sonst. Kein falscher Ton darf mir unterlaufen, keine unreine Schwingung« (Novellen 34).

Welche Perspektive sich aus alledem für die militärische und politische Dimension des Krieges ergibt, werden wir im einzelnen aus dem Gang der Handlung und aus dem Verlauf der äußeren und inneren Konflikte herauszukristallisieren haben. Soviel müßte aber von Anfang an festgehalten werden, daß, wie immer bei Goes, die zentrale Funktion des Wortes, der Welt der Worte, die rechte Zuordnung erfahren muß . . .

✳

Goes' Erzählung setzt ein mit der Schilderung eines Spätherbsttages: »Einsame Gänge waren unerwünscht. Seit die Politik der Landausbeutung sich in ihrer ganzen Skrupellosigkeit durchgesetzt hatte und alles Gerede von Befreiung entlarvt war als Lüge und Gewäsch, hatten die Partisanen ihr Handwerk begonnen und von Monat zu Monat erfolgreicher entwickelt« (Novellen 9).

Mit dieser Feststellung zu Beginn der »Unruhigen Nacht« setzt Goes sofort klare Akzente: Der Spaziergang des Kriegspfarrers am Spätherbsttag in seinem Standort Winniza zeigt nicht nur, daß dieser »noch zivilistisch genug denkt«, wie Dietrich Allert in seiner Analyse der Novelle (»Wissenschaftliche Zeitschrift der Martin-Luther-Universität Halle-Wittenberg«, Ges.-Sprachw. VI/3, April 1957, S. 470) schreibt. Entscheidender ist, daß der Dichter andeuten will, wie sich der Pfarrer aus den Konventionen seiner Umgebung, zumal denen der höheren Ränge, herauslöst. Mit der Bemerkung über die Skrupellosigkeit der Besatzungsmacht wird der historische Aspekt dieser Phase des zweiten Weltkrieges in den Gang der Erzählung eingebracht, und das Stichwort »Partisanen« bereitet die Annäherung an das Zentrum der Handlung vor.

Vielleicht ist der beiläufige Hinweis nicht uninteressant, welche Bedeutung Winniza für die faschistische Kriegsmaschinerie hatte: Nach Angaben von Gerhard Zázworka in seinem Buch »Psychologische Kriegsführung« (Berlin [2]1962, S. 187) war in Winniza der Hauptsender der Sendegruppe Ukraine stationiert – von hier aus wurde also der Krieg der Worte gegen die sowjetische Bevölkerung geführt.

Der Kriegspfarrer, der sich aus den Konventionen löst – für den ist der »Gang durch den Herbst«, für den ist »dieser feuchte Wind« ein Stück Frieden: »Sei's drum: ich *will* jetzt unterwegs sein, will mit diesem Wind sein« (Novellen 9). Das Wind-Motiv, wir kennen es gut bei Goes (»Aber im Winde das Wort«).

Zurückgekehrt, muß der Pfarrer sofort die Fahrt nach Proskurow antreten – nicht ohne daß ihn vorher die Schreckensvision überfallen hat: »... seit tausend Tagen – dann,

einen Augenblick nachprüfend: ja wahrhaftig seit tausend
Tagen – vollzieht es sich so. Hier, hinter diesen Türen. Hier
wird gelegen, gestöhnt, geliebt, gestorben. Briefe werden geschrieben, Schach wird gespielt, Halma, Dame, Skat, Doppel-
kopf. Es wird gespritzt. Eubasin, Cardiazol, intravenös, sub-
kutan. Urlaubslisten werden aufgestellt, werden über den
Haufen geworfen. Es wird getrunken, geraucht, gezotet. Sieben Hände schreiben Krankengeschichten: Kreislaufstörung,
vierundzwanzig Uhr exitus letalis, an den Herrn Wehr-
machtsanitätsinspekteur. Listen, Zugangslisten, Abgangs-
listen, Wehrsoldauszahlungslisten, Termine. Papier, Papier,
ein Turmbau von Babylon. Manchmal geht eine Schwester
durch den Saal. Eine ist dabei, die trägt zwei Eheringe an
der rechten Hand, blutjung ist sie und sehr schön. Lieber
Gott, eine Frau, ein Mensch . . .« (Novellen 13)
   Die menschliche, die unmenschliche Dimension des Krieges . . . Die Illusion, sich im Abrollprozeß der Kriegsmaschinerie ein Stück individuellen Friedens sichern zu können . . .

*

Diese Illusion wird im Fortgang der Erzählung mehrfach
aufgedeckt. Der erste, der es brutal im Sinne der »Haßexplosion dieses Krieges« tut, ist jener Major Kartuschke,
von dem schon die Rede war. An ihn ist der Militärpfarrer gewiesen, und von ihm wird er belehrt, was er zu tun habe:
»Letzte Ölung. Morgen früh ist er fällig . . . Nur kein fal-
sches christliches Mitleid vorschützen. Wer desertiert, ver-
liert die Rübe, das ist ein klarer Fall. Laßt Kugeln sprechen . . . Morgen früh 'n anständiges Vaterunser. Punkt.
Schluß mit Jubel . . .« (Novellen 19,21) Solche Ausbrüche,
gegen die der Militärpfarrer sich nicht zu wehren vermag,
sind bei Kartuschke mit Zorn verbunden. Wer sich – ohne
Worte, durch nobles Schweigen – wehrt, ist ein Schreiber in
der Schreibstube, und es ist dieses *Schweigen,* das den Major irritiert.

Der zweite, der die Illusion zerstört – es ist, wir haben die Szene schon beschrieben, der General.

Der dritte, der die Illusion fragwürdig macht, ist der Pfarrer selbst, wenn er sich angesichts der Haßexplosion des Krieges im großen und angesichts des Konflikts, in den er im »kleinen« hineingestellt ist, Rechenschaft ablegt über die Lage des »berühmten ›Großdoitschland‹«, dieses »strategischen Götzen« (Novellen 26), und wenn er ethische Erwägungen mit einer Würdigung der Kräfteverhältnisse verbindet. Für ihn ist – und darüber läßt ihn Goes nach der Konfrontation mit Kartuschke und dem General, aber vor der Begegnung mit dem zum Tode Verurteilten meditieren – dieser Krieg verloren, und als Hauptfaktor wird genannt: »Die Kämpfe um Stalingrad waren zum Stillstand gekommen . . .« (Novellen 28) – Die Erzählung spielt ja, wir erinnern uns, wenige Wochen *vor* der Katastrophe des Hitlerfaschismus in Stalingrad!

In der Würdigung der Kräfteverhältnisse kommt der Pfarrer zum Schluß, daß der Krieg verlorengeht – die Konsequenz seiner ethischen Überlegungen besteht aber darin, »daß dieser Krieg . . . verlorengehen *mußte,* wenn es in Zukunft überhaupt noch ein menschenwürdiges Leben für uns geben sollte . . .« Also »für uns« Deutsche, und der Dichter bezieht eine solche Einsicht, die »zu diesem Zeitpunkt« nur die »von einzelnen« war, auf die Kriegsverbrechen des Faschismus wie auf »Euthanasie« und Judenpogrome (Novellen 28).

Von großer künstlerischer Bedeutung ist, daß Goes solche prinzipiellen Aussagen nicht künstlich in seine Erzählung hineinmontiert – es ist die »dumpfe« Atmosphäre im Speisesaal des Wehrmachtsheims in Proskurow, die den Pfarrer veranlaßt, die Frage zu stellen: »Würde es im Lager der Gegner so dumpf zugehen können?« Und die moralische Position des »Gegners« hochschätzend, wird dem Pfarrer die lapidare Antwort zugewiesen: »Kaum« (Novellen 27).

Damit aber ist im Fortgang der Erzählung – in der Fabelführung wie in der Entfaltung des Sinnzusammenhangs – das Stichwort für die Begegnung mit dem gegeben, der nun recht eigentlich jeglicher Illusion den Garaus macht und der, auf seine Weise, weniger rational als emotional, jene Einsicht, daß Deutschland den Krieg verlieren müsse, in der Tat verifiziert hatte: »Fedor Baranowski: Sprache ruft immer ins Geheimnis hinein, und Namen haben ihre eigene Magie« (Novellen 24). Die Assoziation zu Fedor Dostojewski wird geknüpft! So wird denn auch von Goes mit wenigen Strichen aus dem Ortsgefängnis, in dem Baranowski festgehalten wird, ein »Totenhaus« – »das Zuchthaus Europa«. Aber der Pfarrer, sich auf seine Andacht vorbereitend, deren Bedeutung wir schon kennengelernt hatten, vermag im Zuchthaus andere Assoziationen zu finden. Die Häftlinge – mit ihnen Baranowski – kommen in die Zelle, wo der »Himmelskomiker« (der kommandierende Feldwebel im Ortsgefängnis hatte das bekannte »Witzwort« gebraucht) die Andacht abhält: Dort, wo in voller Verantwortung das Wort Gottes verkündigt wird, dort verändert sich etwas am Ort, vor allem an und in den Menschen. Die erste Begegnung des Pfarrers mit Baranowski wird hiervon geprägt.

Doch ehe wir den Kern des »Falles Baranowski« herausschälen können, müssen zwei andere erzählerische und »inhaltliche« Aspekte gewürdigt werden – und wir haben schon mehrfach die Einsicht beider hervorgehoben. Der eine Aspekt: Der Kriegspfarrer wird vom Leiter des Pelotons um eine Aussprache gebeten, Oberleutnant Ernst, und es stellt sich heraus, daß auch er – ein Pfarrer ist, und zugleich wird die schon vorher vom Kriegspfarrer aufgeworfene Frage: ». . . was war dieser Kartuschke gewesen, früher, vor dieser Zeit?« (Novellen 21) durch Oberleutnant und Pfarrer Ernst beantwortet: »Das Ganze ist eine Schikane, eine bewußte Schikane von Major Kartuschke . . . Wir kennen uns, Kartuschke und ich. Wir kennen uns nicht einmal ganz flüchtig.

Leider, muß ich sagen. Kartuschke war nämlich vor zweiundzwanzig Jahren ... einige Monate ... mein Vikar ...« (Novellen 38) Kartuschke war nicht Theologe geblieben, hatte es in vielen Berufen versucht, war nach 1933 »Kirchenspitzel«: »Es war eine böse Zeit ...« (Novellen 39). Schließlich wurde er Berufsoffizier.

Hier haben wir es offenbar mit einer bemerkenswerten – es sei wiederholt – erzählerischen und inhaltlichen Konstellation zu tun: Alle Möglichkeiten der Novellistik ausschöpfend, deren Verwandtschaft mit der Dramatik beweisend, wird ein »Pfarrerspiegel« vor uns aufgestellt (nicht zufällig aufgestellt auf das »Gestell« einer Bemerkung über Möglichkeiten und Grenzen der Militärseelsorge im zweiten Weltkrieg zu Beginn dieses, des fünften Kapitels): Der Extheologe beauftragt den Pfarrer, der Oberleutnant ist, einen Verurteilten zu erschießen, und der Kriegspfarrer soll das »tröstende« Wort sagen. Die Desillusionierung, von der die Rede war, erhält ihre Zuspitzung, die Frage nach der ethischen Erwägung über Handlungen im Krieg bekommt den Charakter der unausweichlichen Gewissensfrage nach dem Krieg selbst. Ernst sieht denn auch in der Haltung Kartuschkes nicht nur persönliche Schikane – sie wird von ihm objektiviert:

»Morgen früh soll ich sagen: Gebt Feuer! Sie haben den Delinquenten schön zurechtgeknetet, und ich gebe ihm dann vollends den Rest. Wir essen Hitlers Brot und singen Hitlers Lied« (Novellen 39).

Ja, Ernst geht noch einen Schritt weiter, die theologische Problematik aufreißend: »Das Amt des Schwertes als das Amt der Ordnung. Aber was für eine Ordnung halten wir denn aufrecht mit unsrem Krieg? Die Ordnung der Friedhöfe ... Und wenn wir je ... übrigbleiben sollten, dann wird man uns fragen: was habt ihr getan? Und dann werden wir alle daherkommen und sagen: wir, wir tragen keine Verantwortung, wir haben nur getan, was uns befohlen wurde. Ich sehe es schon im Geist, Herr Bruder, das ganze Heer der Beteuerer, die Händewäscher der Unschuld ... haben wir denn nun irgend etwas voraus vor Kartuschke und seinesgleichen, sind wir nicht noch verdorbener, weil wir wissen, was wir tun?« (Novellen 40)

Damit ist die Kernfrage gestellt, und sie läßt sich nicht mehr allein damit beantworten (wie es der Kriegspfarrer zu tun versucht hatte), daß an Luthers Bemerkungen über »Kriegsleute in seligem Stand« (Novellen 40) erinnert, daß die Überlegung angestellt wird, es werde einen menschlichen Offizier weniger geben, wenn Ernst den »Gehorsam verweigert«, und daß der Vergleich mit dem englischen Chaplain gezogen wird, der auch in die Lage kommen könne, »einen Fahnenflüchtigen auf solchem Gang zu begleiten« (Novellen 42). Nein, die Kernfrage ist im erzählerischen und inhaltlichen Horizont dieser Novelle, in der *die* gesellschaftlichen und weltanschaulichen Kräfte fehlen, die den aktiven deutschen Widerstand gegen den Faschismus getragen haben, nur dann zu beantworten, wenn sich die allgemeinen Erwägungen über den moralischen Gewinn der Niederlage des Faschismus politisch wenigstens im *Futurum* konkretisieren, und es macht den hohen Rang dieser Novelle von Goes aus, daß dies an dieser entscheidenden Stelle der »unruhigen Nacht« geschieht:

»Eines Tages . . ., da wird es vorbei sein, alles, der Krieg und Hitler, und da haben wir eine neue Aufgabe, und wir wollen redlich mit ihr zu Rate gehen. Dann geht es um das innere Bild aller dieser Dinge und dieses Krieges überhaupt.« Dann werde es notwendig sein, den Krieg »zu entzaubern«. »Krieg, so muß man es ausdrücken, Krieg, das ist Fußschweiß, Eiter und Urin. Übermorgen wissen das alle, und wissen es für ein paar Jahre. Aber lassen Sie nur erst das neue Jahrzehnt herankommen, da werden Sie's erleben, wie die Mythen wieder wachsen wollen ... Und da werden wir zur Stelle sein müssen, jeder ein guter Sensenmann« (Novellen 42). Wenn wir nach der Befreiung die Position, aus dem moralischen Gewinn der Niederlage zu lernen, als ersten Schritt der Wandlung bewertet haben – um wieviel mehr muß dann diese Position, als im Oktober 1942 eingenommen, als Wandlung schon im Kriege – noch in der Zeit von »Siegen« – eine analoge Bewertung erhalten.

Die theologische Tiefendimension des Erzählens wird im Lichte dieser Feststellungen und durchaus mit dem Blick auf das, was im Zusammenhang mit der Andacht schon angedeutet wurde, noch einmal deutlich sichtbar gemacht.

»›Bruder Ernst, ich gehe morgen früh um vier zu Baranowski in die Zelle und bringe ihm kein Plätzchen, sondern, wenn es sich so gibt, Christi Brot und Wein, und Sie wissen, daß das ein Unterschied ist.‹ ›Ja, ich weiß, ich weiß. Verzeihen Sie, halten Sie es meiner Ratlosigkeit zugute, wenn ich ungereimtes Zeug rede. Aber sagen Sie doch selbst: schreit es nicht gen Himmel? Da laufen wir. Diener am Worte Gottes, in unseren widerwärtigen Verkleidungen, das Mordzeichen auf die Litewka gestickt, durch die finstren Straßen einer russischen Stadt, und morgen früh schießen wir einen Jungen tot –?‹« (Novellen 41)

Hier ist die Aporie christlicher Existenz im imperialistischen Krieg ebenso aufgedeckt, wie mit der Orientierung auf eine Zukunft des Kampfes gegen den Krieg die Annäherung an ihre Auflösung in Sicht kommt. Der »Pfarrerspiegel« (in den noch der am Rande erwähnte Konfirmator von Baranowski gehört) wirft also kein eindeutig konturiertes Bild zurück, aber es sind die verschiedenen, ja widersprüchlichen Züge, die es realistisch machen ...

Es ist noch auf einen zweiten Aspekt einzugehen, der, wenn auch auf ganz andere Weise, zur Überwindung jener Illusion vom Menschlichen im Kriege beiträgt: Gemeint ist die Begegnung des Kriegspfarrers mit Brentano und Melanie, und wenn Menschlichkeit im Kriege Wirklichkeit werden konnte, dann in dieser Begegnung und im Zusammensein des Offiziers mit seiner Verlobten, in der »Verzauberung dieser Nachtstunde«.

Aber gerade auf diesem »Gipfel« der Menschlichkeit wurde das Illusionäre solcher Verzauberung zum Ereignis – und der Dichter läßt Melanie denken: ». . . so also hätte das sein können, ein ganzes Leben lang« (Novellen 49). Denn es durfte ja »nur einmal« in dieser »unruhigen Nacht« sein, in der Nacht vor dem Abflug Brentanos nach Stalingrad (und der Hinrichtung Baranowskis). Wie Goes dem Gewissenskampf des Oberleutnants Ernst das Fidelio-Motiv zuordnet, so der Verzauberung das Figaro-Motiv Mozarts. Und wie er die Stimme Ernsts den Kriegspfarrer »angehen« läßt, so kann der aufs genaue Wort bedachte Dichter im Hinblick auf die Verzauberung festhalten, daß es »Augenblicke gibt, in denen auch aus einem ungenauen Wort nur das zum Klingen kommt, was dann doch richtig ist« (Novellen 49).

Die Abkommandierung Brentanos an die Front des Sterbens in Stalingrad – sie ist erzählerisch wie inhaltlich auf die Front des Sterbens von Baranowski bezogen . . .

Baranowski – wenden wir uns den zwei anderen Begegnungen des Kriegspfarrers mit Baranowski zu, der Begegnung mit der Akte und der mit dem Menschen – oder war die zweite nicht recht eigentlich doch die erste? Waren in der chronologisch ersten nicht doch zu sehr die Karten verdeckt? War da nicht eine seelsorgerliche reservatio mentalis am guten Werke?

✳

Des Kriegspfarrers Begegnung mit den Akten erfolgt zur selben Zeit und am selben Ort der wohl letzten Begegnung von Brentano und Melanie. Allert gibt (a.a.O., S. 471) die äußere Geschichte Baranowskis, wie sie sich aus den Akten »von rückwärts liest«, so wieder:

»Fedor Baranowski ist das uneheliche Kind einer Angestellten aus der Posener Gegend, die später einen anderen Mann heiratet und sich wenig um den Sohn kümmert. Er wächst ohne Liebe auf und wird herumgestoßen, ohne regelmäßig zur Schule zu gehen oder etwas Rechtes zu lernen. Ein geordnetes Leben beginnt für ihn erst nach Kriegsausbruch in der Kaserne. Er kommt zum Einsatz bei einer Baukompanie im Hinterland der Ostfront und wird wegen seiner Kenntnisse östlicher Sprachen zum Einkäufer der Einheit. Dadurch kommt er in Berührung mit der Zivilbevölkerung und trifft auf eine ukrainische Kriegerwitwe mit einem kleinen Kind. Er, der nie Post erhielt, der nie zu Mädchen ging, begegnet zum ersten Mal in seinem Leben der Liebe. Er schreibt Briefe, die ihm zum Verhängnis werden: Während einer Razzia werden sie bei der Frau entdeckt, und er wird zu drei Jahren Zuchthaus wegen Verrats militärischer Geheimnisse verurteilt. Die Strafe wird ausgesetzt, er soll zur Strafkompanie gebracht werden. Es gelingt ihm jedoch, aus dem Transport zu entfliehen. Er kehrt zur Ljuba zurück und lebt mit ihr und dem Kind bei anderen Dorfbewohnern und Partisanen im Walde. Bei einer neuen Razzia wird er aufgegriffen und zufällig von einem Feldwebel seiner alten Kompanie als Wehrmachtangehöriger identifiziert. Diesmal steht das Urteil von vornherein fest: Erschießung wegen Fahnenflucht.«

Wie aber sieht für den Pfarrer die »innere Geschichte« aus?

»Es ist kein Zweifel, dies ist die Geschichte von einem, der nicht genug geliebt worden ist. Von einem, dem das Leben auch noch jenen untersten Wärmegrad vorenthalten hat, den, der unerläßlich ist, wenn überhaupt ein natürliches Wachstum zustande kommen soll. Nie Post. Nichts zu Weihnachten. Und dann Ljuba und dieses Kind. Nicht irgendein ukrainisches Mädchen, sondern diese Mutter. ›Geht nie zu Mädchen‹, hatte es geheißen. Aber da war nun diese Frau gekommen. Ljuba – mochte er denken –, die Unseren haben dir den Mann erschossen und deinem Buben den Vater genommen;

45

aber jetzt, gib acht, jetzt bin ich da. Und ich bleibe da« (Novellen 55 f.).

Menschlichkeit im Krieg – ihre illusionäre Dimension . . .
Und dann die wirkliche Begegnung:
Der Bote des Evangeliums übernimmt zunächst die Funktion des »Boten« irdischer Ungerechtigkeit – aus dem Munde des Kriegspfarrers erfährt Baranowski früh am Morgen nach unruhiger Nacht (der Sturm ist immer stärker geworden), daß sein »Gnadengesuch« abgelehnt worden ist. Das Gespräch des Seelsorgers mit Baranowski wird so noch zugespitzter zum »Gespräch an der Grenze« (Novellen 62). »Es geht um das Wort, um das verantwortlich gesprochene Menschenwort, und zugleich freilich wieder um mehr als dieses Menschenwort.« Ganz beiläufig – eingebettet in den erzählerischen Duktus – macht der Dichter klar, was denn das eigentlich bedeutet: die evangelische Kirche als Kirche des Wortes. »Klaus, der frater catholicus, gibt Absolution, Hostie und Chrisma; er übt eine Zeichensprache, die gleichsam nicht verstanden werden muß und doch verstanden wird. Aber ich, hier und heute?« (Novellen 63)
Das Gespräch an der Grenze ist dieses Gespräch unter vielfachem Betracht: Wenn es ein seelsorgerliches sein und wenn es den Charakter haben soll, den der Kriegspfarrer in der Polemik mit Ernst und dessen Relativierung des Abendmahls beschworen hatte, dann muß es an die Grenze von Tod und Ewigkeit geführt werden: ». . . der Abschied ist ein Schmerz, aber die Ankunft ist das Glück« (Novellen 63).
Um das Gespräch mit mehr als Menschenwort an diese Grenze führen zu können, muß es im Bereich der Menschenworte über eine Grenze gebracht werden: Es ist »natürlich verboten«, daß er Baranowski anbietet, einen Brief an – Ljuba zu befördern (er läßt ihn sich sogar russisch diktieren!). »Es ist überhaupt verboten, ein Mensch zu sein. Aber es ist der Wille eines Sterbenden« (Novellen 64).

46

So das Gespräch über die Grenze des Befohlenen geführt, erhalten Menschenworte wie Gottesworte eine neue Karätigkeit: Der Einsegnungsspruch Baranowskis wird »buchstabiert«, und der zum Tode Verurteilte gibt zwar zu erkennen, daß er sich »nicht viel um Religion und Kirche und all so was gekümmert« habe. »Aber 'n bißchen was von'n Gebet hab ich immer noch gewußt« (Novellen 65).

Baranowski war »plötzlich wieder ein Junge« und sprach die pommersche Mundart – bis in solche Nuancierungen des Sprachgestus hinein verfolgt der Dichter die Verästelungen der Frage nach dem Wort.

Und so kann denn der Tisch in der Zelle (»die Zigarettenasche ist weggeräumt, ich habe das weiße Tuch gebreitet, das Kreuz daraufgestellt, den Hostienteller und den Kelch« – Novellen 66) zum Tisch des Abendmahls werden, und an der Stelle der Menschenworte stehen *die* Worte da, die die »großen Wächter von Ewigkeit« (Novellen 66) sind.

Von der Wirkung dieser Worte erfaßt, kann Baranowski nun auch Menschenworte der Versöhnung finden; er diktiert einen Brief »an – die Frau Hoffmann«, die er – nach einem Zögern – als »liebe Mutter« anredet.

Die Bilder von Ljuba und ihrem Söhnchen, »*so* einem Burschen«, werden zerrissen, und in diesem Augenblick, »vom lieben, lebendigen Leben« getrennt, umarmt er *den*, der ihn an die Grenze geführt hat und von dem er weiß, daß er um der Menschen willen die Grenze der Befehle überschreitet. »Erregung des Abschieds, die uns wie zu Brüdern gemacht hatte« – sie wird von den »Kettenhunden« zerrissen. Die kalten Formalien schnüren den zum Tode Verurteilten ein – »aber die Starre reichte nicht mehr bis an sein Herz« (Novellen 67–69).

»Wie Brüder« – der Kriegspfarrer, der sich nicht so sehr um die »höheren Ränge« kümmert, der vielmehr als »Diener des Evangeliums« dokumentiert, daß er seinen Platz bei den Mühseligen und Beladenen hat, und Baranowski auf der

Fahrt zur Hinrichtungsstätte: Der Pfarrer hatte die Mitfahrt im PKW des Kriegsgerichtsrats abgelehnt, er fährt mit Baranowski im LKW. »Fahren Sie mit mir, Herr Pfarrer?« hatte Baranowski gefragt. »Ja, ich bleibe bei Ihnen« (Novellen 70).

Von der schneidenden Stimme Kartuschkes aufgefordert, sagt der Pfarrer das tröstende Wort, und Baranowski will es verifiziert wissen: »Würden Sie mir noch einmal die Hand geben?« Und er gab sie ihm, »ruhig und fest«. »Die Wahrheit des Evangeliums ist die Torheit der Welt, ihr Spott und ihr Zorn. Ich ließ es gelten, daß es so war« (Novellen 72).

Aber der Pfarrer läßt es gegenüber dem Kriegsgerichtsrat nicht gelten. Dessen: »Tadellos hingekriegt haben Sie das« stellt er »die Gerechtigkeit« (Novellen 73) gegenüber. Und die Gerechtigkeit übt über den Kriegsgerichtsrat wenigstens insofern Gericht, als dieser dem Pfarrer gegenüber seinen Opportunismus ungewollt enthüllt: »Mir kam zum Bewußtsein, wie der Mann, der gestern abend seine Rede so sicher und kühl gehalten hatte, nun hier mit seinen Worten wie zwischen Trümmern lief. Die Sprache ist von Gott und übt ein gerechtes Gericht« (Novellen 74). Die Rückkehr nach Winniza kann der Pfarrer mit dem dortigen Horstkommandanten im Flugzeug antreten – er hat ihn, einen Antinazi, in Proskurow getroffen. So kommt es, daß er Brentano noch von ferne sieht und seinen ritterlichen Gruß erwidern kann. Der Kommentar des Flugoffiziers zu Baranowski und Brentano: »Alles aufs Konto« – »Nevermore«.

Im Flugzeug kommt dem Pfarrer »die Kunde von der Katalaunischen Feldschlacht in den Sinn«: »Setzen auch heute die Geister der Erschlagenen ihre Kämpfe in den Lüften fort? ... Wie lange regieren noch die Kartuschkes? Es sterben die Schuldig-Unschuldigen, die Besorgten aber wachen, und sie quälen sich bis an den Tag« (Novellen 81).

Im Traum – die Müdigkeit hat ihn übermannt – begegnen ihm Ljubas Sohn, Bruder Ernst, Baranowski, Melanie: »Hat

Melanie in dieser Nacht ein Kind empfangen? Und soll die alte prophetische Weissagung gelten: Ehe der Knabe lernt, Gutes und Böses zu unterscheiden, wird diese Widermacht vernichtet sein?« Aber: »Aber da ist noch Kartuschke . . .« (Novellen 82) Der Hinweis auf ihn als auf das Synonym alles Unmenschlichen – wie nun verträgt er sich mit den Schlußsätzen der Novelle? Dementieren diese nicht die Warnung vor den zeitgenössischen Kartuschkes und deren die Mythen tradierenden Nachfahren? So hat sich offenbar Pierre Bertaux gefragt, als er bei der Übersetzung der »Unruhigen Nacht« ins Französische die Schlußabschnitte wegließ. So fragte sich Willy Bourgoignie in seiner Goes-Studie (»Studia Germanica Gandensia« VII, Gent 1965, S. 281 f.), der meint, die Anklage der Novelle werde entkräftet, der Novellist habe dem »ästhetisierenden Essayisten« Platz gemacht. Und schon zuvor hatte Allert geschrieben: »Der Autor hat einmal das Erstaunen den wünschenswertesten Zustand der Seele für Leben und Kunst genannt. Er sagte zugleich, daß das Erstaunen wert sei, sowohl in der Kunst dargestellt als durch sie erweckt zu werden. Jedoch ist der Standpunkt gefährlich: ›Im Erstaunen stehen, . . . das hieße . . .: gelassen auch die Dissonanz der Dinge zu ertragen, ohne allzu eilig nach Harmonisierung zu trachten.‹ Diese Konzeption führt in der Konsequenz leider dazu, daß man nach einer Ermordung eben ›einverstanden mit allem‹ sein kann. Das ist aber eine völlige Verkehrung dessen, was Goes mit seiner Novelle erreichen wollte, nämlich ›vom Menschlichen inmitten der Unmenschlichkeit auszusagen‹, das ist weder Klage noch Trost! Und noch entsetzlicher: Diese Haltung des Abwartens und Einverstandenseins mit allem ist genau das Gegenteil dessen, was Zweck der Novelle ist: die Mythen, die sich um den letzten Krieg ranken, die wie Labkraut und Löwenzahn wuchern, auszurotten, damit kein neuer Krieg entstehe.«

Sowohl vom erzählerischen Ablauf wie von der Tiefendimension dieser Novelle her muß es als ein bedauerliches

Mißverständnis erscheinen, diese Schlußaussagen dahingehend zu deuten, als ob der Kriegspfarrer damit als der an die
faschistische Kriegsmaschinerie Angepaßte erscheine – er, der
in der »unruhigen Nacht« Menschen getroffen hatte, die wie
er dachten, die er stärken konnte und von denen er in seiner
Haltung gestärkt wurde; er, der sich bereitgefunden hatte,
etwas zu tun, was im Sinne der faschistischen Kriegführung
verbrecherisch war, nämlich Kontakt zu Ljuba und damit
letztlich zu den Partisanen aufzunehmen. Wenn er »einverstanden« war, dann deshalb, weil nach dieser »unruhigen
Nacht« alle, denen er begegnet war, anders geworden waren – auch dann, wenn er, als einzelner, nicht verhindern
konnte, daß es für manche nur ein Anderssein kurz vor ihrem
gewaltsamen Tode war. Das Nichtannehmen des Faschismus,
seiner Kriegsziele, seiner Ideologie, seiner Brutalität und
Menschenfeindlichkeit, wie es in der unruhigen Nacht zum
Ereignis geworden war – mit ihm war der Pfarrer einverstanden, und in solchem Sinne war dieses Einverständnis nicht
das Dementi, sondern die Voraussetzung für die kämpferische Frage nach der endgültigen Überwindung der Kartuschkes und der Mythen.

Im übrigen war es nicht der »ästhetisierende Essayist«
(eine ohnehin Goes nicht gerecht werdende Ab-Qualifika-
tion), der dem Dichter hier die Feder führte, sondern (und
das hat Allert richtiger gesehen) der Prediger im Schriftsteller.

In einer Predigt über Psalm 33,22 lesen wir gleichsam Goes'
eigene Deutung des »Eingeständnisses«:

»In den letzten Wochen hatte ich – laßt mich das zuletzt
noch sagen – besonderen Anlaß, einige der letzten Gedichte
Goethes von neuem zu bedenken, sie so zu lesen, als läse ich
sie zum erstenmal. Und immer wieder kam die Schlußzeile
des Gedichts ›Der Bräutigam‹ mir in den Sinn: ›Wie es auch
sei, das Leben, es ist gut.‹ Wie zögernd ist das gesagt; es ist,
als müsse der alte Dichter zweimal Atem holen, ehe er sein

›Es ist gut‹ ausspricht. ›Die verbrauchteste aller Wendungen, »Wie es auch sei«, verschweigt ein Unsägliches an Schmerz und Schicksal‹ – so hat ein großer Betrachter dieses Gedichtes die Zeile gedeutet. Wir hören sie, die Schlußzeile des großen Gedichts. Werden wir sie nachsprechen? Oder werden wir zurückkehren zum Psalter und lesen, was dort steht: ›Deine Güte ist besser denn Leben?‹« (K 31 f.)

Und in einer anderen Predigt, über Offenbarung 22,3 und 4, hat Goes von der »Ordnungsmacht« gesprochen, »die zwischen so viel Rätsel und Chaos am Werk ist, dennoch, wie unerkannt oft, am Werk ist . . .« (K 157).

Das ist keine quietistische Haltung, das ist nicht die einer abstrakten Ordnungs-Theologie, das ist die Dimension der kämpferischen Entscheidungen für die Zukunft, wie sie im erzählerischen Gang dieser Novelle investiert worden sind, für die Zukunft im menschlichen Bezug und in den gesellschaftlichen Beziehungen, für die Zukunft aber auch in eschatologischer Sicht – denn das Wort, das Goes die Ordnungsmacht beschwören läßt, verweist auf die Perspektive des wiederhergestellten Paradieses, in dem (Offenbarung 22,5) »keine Nacht« sein wird, »und sie werden nicht bedürfen einer Leuchte oder des Lichts der Sonne«.

In solcher Interpretation der »Unruhigen Nacht« wird man bestätigt, wenn man die von Falk Harnack (mit Bernhard Wicki und Werner Hinz) vorgenommene Verfilmung der Novelle in Betracht zieht. Harnack hatte – mit den authentischen Mitteln des Films, nicht nur mit denen des Wortes, die für Goes die allein authentischen sind – der Geschichte aus dem Jahre 1942 einen Prolog vorangestellt, über den es 1958 im bundesdeutschen Nachrichtenmagazin »Spiegel« hieß:

»Der Prolog des Films zeigt nun den Kriegsgerichtsrat fünfzehn Jahre später, als korrekt gescheitelten, Schmisse tragenden Ministerialrat, der an der Seite eines Oberkirchenrats den Pfarrer in der Sakristei aufsucht, wo der Oberkirchenrat dem Seelsorger eine neue Stellung offeriert: ›Sie wissen, wir werden in Kürze wieder Garnisonstadt. Und da Ihnen ja, lieber Herr Pfarrer, die Probleme eines Soldaten nicht unbekannt sind, dachten wir uns, Sie wären gewiß bereit, dieses Amt zu übernehmen.‹ Der Pfarrer, der in dem Ministerialrat seinen alten Gegner erkennt, wehrt die Überredungsversuche des Oberkirchenrats entschlossen ab: ›Ja, ja, ich weiß – für unsere Freiheit müssen auch wir ein Opfer bringen. Und sollte es selbst unser Gewissen sein!‹ Damit weist er dem Schmisseträger die Tür.«

Gleichzeitig wußte der »Spiegel« damals zu berichten, was Goes – bei allen Vorbehalten – zu diesem Prolog erklärt hatte: »Ich habe keine inneren Einwände dagegen zu machen, daß das polemische Nein, das ich bei allen Gelegenheiten vortrage, auf diese Weise verbindlich zum Ausdruck kommt.«

Wenn auf diesen Vorgang ausdrücklich hingewiesen wird, dann deshalb, um die Pointe der »Unruhigen Nacht« einschließlich der des »Einverständnisses« noch einmal deutlich zu akzentuieren.

✳

In der Novelle »Das Brandopfer« läßt der Dichter den Icherzähler, der durch Zufall »Mitwisser« (Novellen 99) einer denkwürdigen Geschichte wird, von einer Einladung ins »Haus eines Landgerichtsrates« (Novellen 100) Anfang der fünfziger Jahre berichten. Es habe vorzügliche kalte Platten und Weine, es habe Hausmusik gegeben, und »das gute Gespräch der weltoffenen Leute«. Doch er, der Erzähler, habe andere Dinge im Ohr gehabt, er habe »nicht des Landgerichtsrats Meinung über die byzantinischen Mosaiken hören« wollen – »ich wollte wissen, ob er einen Synagogenbrandstifter bestraft hatte, bestraft hätte, muß ich ja wohl sagen . . .« (Novellen 100)

Wenn Albrecht Goes in einer Art Rahmenerzählung auf die Nachkriegszeit rekurriert, ist er es also selbst, der einen »Prolog« schreibt, der also nicht allgemein von »Mythen«

spricht, sondern sie an Personen faßbar zu machen sucht. Gleichzeitig ist ihm in seiner Erzählung »Brandopfer« eine solche Verdichtung des Alltags rassistischer Verfolgung möglich geworden, daß sie ihrerseits die Dimensionen alttestamentlichen Berichts annimmt, und man sollte nicht übersehen, daß der schwäbische Dichter und Pfarrer 25 Jahre vor »Holocaust« (= Brand-, Ganzopfer), vor dem amerikanischen Film, mit dem dieser Begriff zum alltäglichen geworden ist – »Holocaust« aber stand 1968 als Titel auf der spanischen Ausgabe des Buches (!) –, genau jenen Kern des immer und immer neu zu Erinnernden, ins Gewissen zu Rufenden herausgeschält hatte. »Und überhaupt: wenn nur einige unter uns den Schrecken behalten, ist auch das nicht umsonst« (Novellen 97).

Diese Worte läßt Goes die Frau Walker sagen, die »Judenmetzig«, die im Zentrum dieser Geschichte steht, erzählt von einem Bibliothekar, der bei dieser Fleischersfrau in Untermiete wohnt und der durch die Zufälle des Alltags ihre nichtalltägliche Vergangenheit im Alltag des »gewöhnlichen Faschismus« erfährt. Überdies ist Frau Walkers Geschichte mit der der Freundin des Erzählers, mit Sabine, kunstvoll (und das heißt alles andere denn künstlich) verwoben. Wenn man (zum wievielten Male eigentlich?) Goes' Erzählung gelesen hat, kommt man immer von neuem zum Schluß: Ja, eigentlich konnte es nur so, konnte es gar nicht anders gewesen sein, dieses »Haus des Schicksals« . . .

Also: Frau Walker – ihr Mann war sofort zu Kriegsbeginn eingezogen worden – erhält den Auftrag, ihren Laden jeden Freitag von fünf bis sieben nur für »nichtarische Bevölkerung« offenzuhalten. Sie – wie ihr Mann – bisher »angepaßt«, wird durch diese Anordnung so in die Maschinerie der Judenverfolgung hineingezogen, daß sich ihr Leben grundlegend ändert.

»Einmal geschah es, die Glocke von der Petruskirche, es war nur noch *eine* Glocke um diese Zeit auf dem Turm, hatte geläutet, und nach dem Läuten gab es für einen Augenblick eine richtige Stille. Da sagte der Rabbiner mit lauter Stimme ein Wort. Ich hörte den Wortklang, aber ich verstand nicht. Später lernte ich diese Worte. Er hatte ›Schalom‹ gesagt, und auf dies Wort hin standen alle, die im Laden waren, reglos still. Dann sprach er von neuem, und ich merkte: das ist nun ein Gebet oder ein Bibelwort und alle sind mit dabei.« Und dann folgt der entscheidende Satz: »Hier ist jetzt ihre Synagoge« (Novellen 116 f.). Am darauffolgenden Freitag geschah dies von neuem: ». . . der Rabbiner spricht die Worte, und ich selbst bin nun auch ganz mit in dem seltsamen Gottesdienst, von dem ich kein Wort verstehe, und so vergesse ich mein Wächteramt – niemand hat mich zum Wächter bestellt, aber betende Leute auf der Flucht muß man doch ein wenig behüten . . .« (Novellen 117) Diesmal allerdings kam es zu einem Zusammenstoß mit kontrollierenden Nazis – wie zwischen »David und Goliath«. Nach diesem Zusammenstoß war buchstäblich alles anders denn vorher. »Es war, als sei ihnen allen . . . die Zunge gelöst worden. Und – seltsam oder nicht seltsam – auch mit mir sprachen sie nun, anders noch als in den ersten Monaten . . .« (Novellen 119) Der Laden von Frau Walker blieb jetzt erst recht Synagoge, und ihr Wohnzimmer wurde zum »Exil«. Frau Walker änderte sich? Ja, jetzt und erst recht nach der Verschleppung des Rabbiners sagte sie »statt eines anderen Grußes« selbst manchmal »Schalom«. ». . . ich wußte jetzt gut, was das Wort heißt, und der Angeredete gab mir dann wohl zurück: »Schalom« . . . Das war so unser Sabbat in der Metzgerei . . .‹« (Novellen 120)

An einem solchen Freitag abend war es dann auch – ein betrunkener SS-Mann hatte gerade »seinen« Auftritt im Laden gehabt und auf seine Weise die »Endlösung« angekündigt –, geschah es, daß erst eine hochschwangere Jüdin zu Frau Walker kommt und ihr den Kinderwagen bringt – den brauche sie ja nun nicht mehr, und Frau Walker sei immer so gut zu ihr gewesen. »Wie aus dem Geschlecht der Propheten« (Novellen 124) sei die vom Tode Gezeichnete, dachte die Fleischersfrau. Und dann, in der Nacht, kam es zu jenem Angriff der englischen Flugzeuge, der die Stadt heimsuchte – und auch das Haus der Frau Walker, die »Synagoge«, in Brand setzte . . .

Was Frau Walker in jener Nacht tat oder nicht tat, »ob sie es für gut befunden hatte, dies alles, was da war, das Haus und sich selbst, dem fremden Feuer auszusetzen, ob sie meinte, daß einer in den feurigen Ofen kriechen muß und sich nicht bewahren darf – oder ob sie einfach . . . zu müde war, um in eine Welt zurückzukehren, in der eine Mutter sich vom Kinderwagen trennen muß –« (Novellen 125) Jedenfalls war Frau Walker nicht in den Luftschutzkeller gegangen und unmittelbar vor dem Angriff betroffen, getroffen worden.

Wie – das nun erfährt der Icherzähler von seiner Freundin Sabine oder genauer: von deren Vater, einem jüdischen Verleger, der emigrieren mußte und seither in Cambridge lebte, und Sabine sprach von ihm »wie von einer Gestalt der Legende, um genau zu sein: der Heiligenlegende . . .« (Novellen 102)

Sabine hatte ihrem Vater von ihrem Freund und seinen Erlebnissen im »Haus des Schicksals« geschrieben, und dieser kann nun nicht umhin, der Tochter von dem zu berichten, was er ihr eigentlich erst nach seinem Tode, gleichsam als (altes) »Testament«, hatte mitteilen wollen.

Was Sabine nicht gewußt hatte: Im Schicksalsjahr 1942 hatte der Vater, vor der gerade noch möglich gewordenen Emigration, noch einmal illegal für ein paar Wochen in der Nähe seiner Frau und Tochter gelebt, um sie wenigstens sehen zu können. »Ich stand ganz nahe, oft genug, aber niemals habe ich der Versuchung nachgegeben, Dich noch einmal anzureden. Ich bedachte die Verwirrung, die das in Euer Leben bringen würde, und unterließ, wonach mich so sehr verlangte. Damals fing das Heimweh an, mich auszubrennen. Vierundzwanzig Stunden hat jeder Tag, und in jeder Stunde tut er sein Werk. Es ist sechs Uhr früh, und Sabine steht auf. Es ist zwölf Uhr, und Sabine geht zu Tisch. Es ist Abend, und Sabine schläft ein. Es ist Nacht, und Sabine wacht auf. Es ist die Stunde des Gebets, und Sabine betet nicht mit mir. Eine Musik erreicht mich, und Sabine hört sie nicht. Ein Baum steht im Laub, und Sabine sieht ihn nicht. So war das« (Novellen 127 f.).

Sabines Vater war noch – den letzten Tag und Abend – in der Stadt, als die Bomben fielen. Mit dem »Judenstern« am Mantel kam er nicht in Schutzräume, und so wurde er Zeuge, wie Frau Walkers Haus abbrannte, ja, er sieht die Frau »in einer Feuerwolke« sitzen, ohne sich auch nur zu bewegen, ohne die geringste Anstalt zu machen, sich zu retten. Da ist er es, Sabines Vater, der vom Brandopfer Verfolgte, der die »Judenmetzig« rettet: »Frau Walker schlug die Augen auf, sie erkannte mich jetzt und lächelte einen Augenblick, aber dann erstarb das Lächeln, und sie sagte: ›Er hat es nicht angenommen.‹ – ›Was?‹ fragte ich. ›Das Brandopfer.‹ – ›Wer?‹ – ›Gott hat es nicht angenommen.‹ Es waren das fast die letzten deutschen Worte, die ich gehört habe, ...« (Novellen 130)

»Das Letzte. Aber das ist eine von jenen Erfindungen des Lebens, von denen wir sagen: unbegreiflich und närrisch zugleich« (Novellen 131). Und das ist zugleich eine Erfindung des Dichters, die alles andere denn unbegreiflich und närrisch ist, sondern Ausdruck einer tieferen Dimension dichterischer Fabel und Metaphern. Der Icherzähler bekommt nämlich eine alte Zeitung in die Hand, in der in konventioneller Weise mitgeteilt wird, die Metzgerei Walker, »Fleisch- und Wurstwaren, Schlachtschüsseln«, habe wiedereröffnet, aber alles andere denn konventionell fand sich »seltsam verloren im Raum« dieser Anzeige »eine Bibelstelle«: 2. Mose 3,2.

»Und Mose sah, daß der Busch mit Feuer brannte, und ward doch nicht verzehrt« – das ist im dritten Kapitel des zweiten Buchs Mose zu lesen, dort, wo von Moses Berufung berichtet wird. Im vierten Vers ist denn ja auch zu lesen, daß Mose, nach der Ursache dafür suchend, warum denn der Busch nicht verbrannt sei, die Stimme des Herrn aus ihm hört, und er antwortet: »Hier bin ich.«

»Hier bin ich.« Das ist denn ja wohl auch die theologische und poetische Pointe in Goes »alttestamentlicher« Geschichte, »daß sie alle, auch er, der Mitwisser nun, auch Sabine, die wunderlich Hineinverwobene, und Sabines Vater, der gerettete Retter, bewahrt sind zu anderem Dienst« (Novellen 133).

Im Sinne der Bobrowskischen »Gedenk- und Warnzeichen« wird und soll freilich das Brandmal auf dem Gesicht der Frau aufgerichtet bleiben – das Zeichen, das nicht anders zu lesen ist als »ein Zeichen der Liebe, jener Liebe, welche die Welt erhält« (Novellen 133).

✳

Was im »Brandopfer« die Geschichte mit dem Kinderwagen ist, und die war übrigens, wie Goes später berichtet hat, eine wahre und letztlich der erzählerische Kern, das ist in der dritten bedeutenden Erzählung von Albrecht Goes die Geschichte mit dem »Löffelchen«. Das Milieu dieser Erzählung ist das der »Unruhigen Nacht«, Ostfront, Militärpfarrer, Lazarett, das Thema das des »Brandopfers«, und es geht in dieser wiederum unterschiedliche Schicksale ebenso kunstvoll wie zwingend verflechtenden Erzählung im Grunde um zweierlei. Es geht um die Unerbittlichkeit der faschistischen Judenverfolgung, die sich nebenbei mit der Feindseligkeit von SS und Gestapo gegen einige auf »Autonomie« bedachte Militärs verbindet; diese Unerbittlichkeit trifft Väter und Söhne, und so wird sie an Söhnen und Enkeln und Urenkeln der Schergen heimgesucht werden. Zum anderen geht es um die Schuld der »Mitwisser«, die nun allerdings nicht darin besteht, daß irgendwo eine Indiskretion begangen worden ist, eine alltägliche Freundlichkeit (eben im Löffelchen-Geschenk)

sich in ihr schicksalhaftes Gegenteil verkehren kann. Die
Schuld hat eine ganz andere »Qualität«. ». . . hier zählt keine
Zahl. Sie heiße tausendmaltausend oder sie heiße eins –
nur eins – nur Leib: jede heißt Zerstörung. Rinde wird
aufgerissen, die gute Rinde am Baum des Lebens« (Novellen 181).

Das sind die Gedanken des (neuerlich) Icherzählers – diesmal wieder des Militärpfarrers nach der Verschleppung des
jüdischen Lazarettheizers und seines Sohnes, der, wissend-
unwissend, was eigentlich vor sich geht, dem Vater ins Verderben nachgerannt war, und es war nach der Verschleppung,
daß der Chefarzt, die Ärzte, die Militärpfarrer zu einer Art
Totenmahl zusammengekommen waren: »So tranken wir
denn schweigend: strenges, weltliches Sakrament, das kein
Lippenwetzen erlaubte, keine Verrenkungen und kaum einen
Blick . . .« (Novellen 180)

✳

Die »Unruhige Nacht« ist 1949 erschienen, »Das Brand
opfer« 1954, »Das Löffelchen« 1963. Das aber heißt: Die
»Unruhige Nacht«, längst vor Bölls »Adam« erschienen, ist
in Westdeutschland eine der frühesten literarischen Gestal-
tungen dessen, was »Bewältigung der Vergangenheit« genannt worden ist. Überdies ist sie eine frühe literarische Reaktion auf die bundesdeutsche Restauration, als solche wurde
sie auch in der DDR empfunden – etwa wenn die »Potsda-
mer Kirche« sie schon 1952 in Fortsetzungen druckte. Darauf,
daß die Mythen der Vergangenheit zu denen der Gegenwart
des kalten Krieges zu werden drohen – das war und bleibt
die politische Pointe des »Brandopfers«. Daß »Das Löffelchen« 1963 herauskam, ist schließlich ohne Frage ein Reflex
auf die damals geführte »Verjährungsdebatte«, also eine Parteinahme gegen die, die die Naziverbrechen als verjährt an-
sehen und hieraus die entsprechenden juristischen Schlußfol-
gerungen gezogen sehen wollten.

Über die Entstehung des »Brandopfers« sollte Goes im

Heft 2/3 des Jahrgangs 1980 der »Neuen Rundschau« schreiben:

»Ich vergegenwärtige mir einige Umstände aus dem Jahr, in dem ich mit der Erzählung umging, und ich weiß noch gut: der Zorn, auch der Zorn war ein Helfer bei meiner Arbeit: es war der konkrete Zorn auf ein Wort, auf den abscheulich verschleiernden Euphemismus in dem Wort ›Kristallnacht‹, ein Wort, das sich eingebürgert hatte – und sich zu meinem und nicht nur meinem Kummer noch immer nicht wieder ausgebürgert hat; es schien mir unerträglich, von den Ereignissen jener Novembernacht des Jahres 1938 als wie von Bubenstreichen zu reden, wo es doch um das Verbrechen des Sakrilegs ging, das Sakrileg der zerschnittenen Thorarollen und der niedergebrannten Synagogen.«

Albrecht Goes, oft genug als ein »Stiller im Lande« bezeichnet, hat also auf seine Weise »Flagge gezeigt« (in der Zeit des Kampfes gegen die atomare Rüstung der Bundeswehr Ende der fünfziger Jahre oft genug auch durch seine Unterschrift unter kämpferische Erklärungen). Seine Weise war letztlich freilich immer die des Wortes – nicht des »ausgewogenen«, wohl aber des aus der genauen Erwägung hervorgewachsenen. So auch ist ein Wort von Albrecht Goes zu verstehen, das er leitmotivhaft in mehrere seiner Bücher hineingenommen hat und das folglich auf diese drei meisterlichen Novellen zu beziehen ist:

»Auf dem Gedächtnismal in Hiroshima steht eingemeißelt: ›Schlaft ruhig – das wird sich nicht wiederholen.‹ Der Satz darf dort stehen. Aber in unserem Bewußtsein darf er nicht so lauten. Er muß lauten: ›Wacht unruhig; sonst wiederholt sich das.‹«

Es war, um dies gleichsam als Fußnote hinzuzufügen, brisant genug, daß im Juni 1987, in der Zeit des Kampfes um die »doppelte Null-Lösung« von Mittelstrecken- und Kurzstreckenraketen, ein aus dem Schwäbischen stammender Friedensforscher am berühmten Stockholmer Friedensinstitut,

Dr. Stützle, mahnend und warnend gerade dieses Wort seines Landsmannes zitierte ... Es war dies übrigens ganz im Geiste des Dichters, der es schon vor fast 20 Jahren seiner Ansprache anläßlich einer Ausstellung »Vom Frieden leben wir« in Selm zugrunde gelegt hatte.

Sehnsucht und Forderung nach einer unversehrten Welt

Seit frühester Jugendzeit hat Albrecht Goes Freude am Gedicht. Es ist ihm ein Stück notwendiges Brot im Lebensalltag. Seine eigene Lyrik, die Deutungen fremder Gedichte sowie in den dreißiger und vierziger Jahren entstandene Spiele lassen erkennen, daß auch in diesen Bereichen ein Dichter seine Stimme erhebt, die auf vielen Ebenen Gehör findet. Wo Goes im eigenen Schaffensprozeß der Lyrik ihren Platz zuordnet, wird sichtbar, wenn wir eine Sammlung zur Hand nehmen, die der S. Fischer Verlag 1986 anläßlich seines 100jährigen Bestehens auch diesem Autor widmete, der sich dem Verlagshaus seit einem Halbjahrhundert in Treue verbunden weiß. »Erzählungen, Gedichte, Betrachtungen« nennt sich der Querschnitt durch das Werk des Dichters Albrecht Goes. Indem hier die Lyrik in der Mitte angesiedelt wird, vermag sie nach mehreren Seiten hin auszustrahlen. Das Gedicht erhält durch Goes die Möglichkeit, »so in Verbindung mit allem gelebten Leben zu stehen, daß in zwölf oder zwanzig Zeilen eine Welt im Nußkern uns zugemittelt werden kann« (FaG 87).

In seiner Selbstdisziplin, in der Verantwortung vor dem Wort, erlegt sich Albrecht Goes Beschränkung auf, wenn es um das Dichten geht. Er strebt Vollkommenheit und Gültigkeit an, möchte allgemeinverständlich sein und bleiben und findet deshalb keine Beziehung zu konstruierter Lyrik, die sich schwankenden Tagesmoden unterwirft. »Gedichte gewinnen ihr Leben, das Unzerstörbare, das Unverwechselbare ihres Lebens nicht eigentlich vom Glück einiger kostbarer Formulierungen, sondern vom Maß gelebten Lebens, von der ihnen innewohnenden Wirklichkeit« (FaG 16 ff.).

Es sind vor allem sechs schmale Bände, die das lyrische Werk von Albrecht Goes vermitteln: »Der Hirte« (1934), »Heimat ist gut« (1935), »Der Nachbar« (1940), »Die Herberge« (1947), »Gedichte« (1950) und »Lichtschatten du« (1978), eine Sammlung mit Gedichten aus 50 Jahren. In verschiedenen Anthologien des Dichters – u. a. »Lob des Lebens« (1936), »Aber im Winde das Wort« (1963), »Tagwerk« (1976) – ist Lyrik enthalten, und es gibt kaum eine Sammlung mit Gedichten unserer Tage, die sich der christlichen Botschaft verpflichtet fühlt, in der nicht Verse von Goes zu finden wären. Bei einer sicher nicht abgerundeten Übersicht lassen sich etwa 225 Einzelgedichte nachweisen, die gedruckt erschienen sind. Nicht wenigen begegnet man wiederholt in den Bändchen, einige haben ihre Titel geändert, und nur sehr selten sind vom Dichter geringfügige Korrekturen am Text vorgenommen worden. Diese Lyrik wirkt ausgewogen, sie will den Leser nicht schockieren, sondern die Welt des Kindes, die Landschaft und Liebe sowie Zeit und Ewigkeit besingen.

»Worauf es ankommt, ist dies: daß wir einen dichterischen Text um seiner selbst willen lesen und ihn fürs erste und zweite in sich selbst genug sein lassen. Biographische Erfahrungen stehen auf einem anderen Blatt, und das Wissen um die Entstehungszeit eines Gedichts trägt lange nicht immer etwas Ersprießliches bei zu seinem Verständnis« (FaG 8). Das hat Albrecht Goes einmal im Hinblick auf ein von ihm zu interpretierendes Mörike-Gedicht geschrieben. Es trifft zweifellos auch auf ihn selbst zu. Wollten wir uns zum Beispiel mit der exakten Datierung seiner Gedichte beschäftigen, wäre manche Kleinarbeit zu leisten, weil bisher gedruckte Jahresangaben in einer Reihe von Beispielen voneinander abweichen. Die Vermittlung von Gedichten vorwiegend nur so vorzusehen, würde uns nicht weiterführen und muß der wissenschaftlichen Analyse vorbehalten bleiben. Wir wollen dafür lieber den von Goes angebotenen Dialog aufnehmen und

Einblick in seine Lebensbejahung gewinnen. Dabei sollten wir manches Gedicht möglichst laut lesen, um den Zauber seiner Sprachmusik besser zu empfinden.

Überall schwingt in der Lyrik von Albrecht Goes ein liedhafter Grundton mit. Des Dichters Bindung an die Tonkunst, seine Hinwendung zur Welt Mozarts, sind augenscheinlich. »Musik also, Musik als lebensverwandelnde Macht, sie traf den Adepten am Anfang des Weges, und ›Mozart, Figaros Hochzeit‹ lautet denn auch die Überschrift über das Gedicht« (T 20). Dieses Sonett schreibt der etwa Zwanzigjährige. Es zeichnet sich durch eine wunderbare Zuversicht aus, die derjenige gewinnt, der sich Wolfgang Amadeus Mozart zum Weggefährten nimmt.

> Wir möchten es so gerne Wunder nennen,
> Das Unbegreifliche, was er uns tut:
> Er legt die Hände in die große Glut,
> Ganz ungeschützt, doch ohne zu verbrennen –
>
> Er rührt die Liebe. Und die wir erleiden,
> Die lockt den Seligen in den Lobgesang.
> Wir sind im Ernst. Und ihn bedrückt der Drang,
> Die Liebenden als Spieler zu verkleiden.
>
> Als wäre Liebe nur im Opernhaus,
> Und wäre das, was aus den braunen Geigen
> Als Schelm- und Engellachen zu uns dringt:
>
> Wir ziehn zur Liebe wie zum Kriege aus –
> Ihm ist genug, den Himmel heiter zeigen.
> Wir sinnen, sagen, klagen. – – Und er singt (T 20).

Seine Huldigung an Mozart veröffentlicht Albrecht Goes bereits im ersten gedruckten Buch. Dieser als »Verse« (1932) betitelten Ausgabe, die im Selbstverlag erschien und mit hundert Mark Kosten verbunden war, hat der Dichter Jahrzehnte später eine Rückschau (T 16 ff.) gewidmet. Er verschweigt nicht die Rilke-Verehrung und macht deutlich, wie auch Hermann Hesse zu Erkenntnisgewinn beigetragen hat. Der Einfluß des spätbürgerlichen Dichters Rainer Maria Rilke (1875–1926) ist für Goes und viele seiner Zeitgenossen ganz entscheidend gewesen. Es sei hier nur an Louis Fürnberg (1909–1957) erinnert, der – ein Jahr jünger als Goes – einem weltanschaulich anders geprägten Elternhaus entstammte und dann als Kommunist seinen Weg gegangen ist, aber zeitlebens an seinem Rilke-Verhältnis produktiv gelitten hat (H. Richter, Das lyrische Werk Louis Fürnbergs. 1966, 296–315). Wenn Rilke in »Die Aufzeichnungen des Malte Laurids Brigge« darüber reflektiert, welche Vorbedingungen an die Entstehung eines Gedichtes zu stellen sind, dann haben solche bekenntnishaften Formulierungen durchaus Langzeitwirkung zur Folge gehabt und natürlich auch einen Studenten wie Albrecht Goes beschäftigt.

»... mit Versen ist so wenig getan, wenn man sie früh schreibt. Man sollte warten damit und Sinn und Süßigkeit sammeln ein ganzes Leben lang, und ein langes womöglich, und dann, ganz zum Schluß, vielleicht könnte man dann zehn Zeilen schreiben, die gut sind. Denn Verse sind nicht, wie die Leute meinen, Gefühle (die hat man früh genug), – es sind Erfahrungen. Um eines Verses willen muß man viele Städte sehen, Menschen und Dinge, man muß die Tiere kennen, man muß fühlen, wie die Vögel fliegen, und die Gebärde wissen, mit welcher die kleinen Blumen sich auftun am Morgen. Man muß zurückdenken können an Wege in unbekannten Gegenden, an unerwartete Begegnungen und an Abschiede, die man lange kommen sah, – an Kindheitstage, die noch unaufgeklärt sind, an die Eltern, die man kränken mußte, wenn sie einem eine Freude brachten und man begriff sie nicht (es war eine Freude für einen anderen –), an Kinderkrankheiten, die so seltsam anheben mit so vielen tiefen und schweren Verwandlungen, an Tage in stillen, verhaltenen Stuben und an Morgen am Meer, an das Meer überhaupt, an

Meere, an Reisenächte, die hoch dahinrauschten und mit allen Sternen flogen, – und es ist noch nicht genug, wenn man an alles das denken darf. Man muß Erinnerungen haben an viele Liebesnächte, von denen keine der andern glich, an Schreie von Kreißenden und an leichte, weiße, schlafende Wöchnerinnen, die sich schließen. Aber auch bei Sterbenden muß man gewesen sein, muß bei Toten gesessen haben in der Stube mit dem offenen Fenster und den stoßweisen Geräuschen. Und es genügt auch noch nicht, daß man Erinnerungen hat. Man muß sie vergessen können, wenn es viele sind, und man muß die große Geduld haben, zu warten, daß sie wiederkommen. Denn die Erinnerungen selbst *sind* es noch nicht. Erst wenn sie Blut werden in uns, Blick und Gebärde, namenlos und nicht mehr zu unterscheiden von uns selbst, erst dann kann es geschehen, daß in einer sehr seltenen Stunde das erste Wort eines Verses aufsteht in ihrer Mitte und aus ihnen ausgeht.«

Für den jungen Vikar und Pfarrer Goes gehört es frühzeitig zum Beruf, Einblick in das Leben, Wirken und Sterben fremder Menschen zu nehmen, die seiner Obhut als Pastor (das heißt Hirte) anvertraut sind. Alles, was um ihn herum geschieht, geht ihn an, und Albrecht Goes darf als Hörer und Betrachter sowie als Diener am Wort vieles aufnehmen, was ihn dann zu literarischer Umsetzung anregt und zwingt. Die sich mit dem Jahre 1933 ergebenden politischen und weltanschaulichen Bedingungen, denen Goes nicht mit seinem Dichterwort zu entsprechen beabsichtigt, sind Anlaß, besonders eindringlich über Möglichkeiten der gefährdeten menschlichen Existenz nachzudenken und durch das Lob der Schöpfung, die erhalten werden muß, den eigenen Standpunkt dazu unmißverständlich zu formulieren. Wenn Goes auch den ersten Lyrikband, der nun an die Öffentlichkeit dringt, deutlich mit »Der Hirte« überschreibt, sind in der Sammlung nur wenige Gedichte zu finden, die seinen christlichen Standpunkt unmittelbar als Glaubensaussage bekunden. Das Sonett »Bereitschaft« (H 51) sei als ein solches Beispiel für diese Anfangsjahre genannt.

> Sieh, sie brauchen irgendeinen,
> Der dabei ist in der Nacht,
> Wenn ihr weher Atem wacht
> Und sie einsam sind und weinen.
>
> Sieh, sie müssen einen finden,
> Der sie schon im Schweigen kennt,
> Der, eh man die Wunde nennt,
> Schon am Werk ist, zu verbinden.
>
> Glaubst du, Herr, ich könne lesen
> Mit der armen Augen Kraft,
> Wo sie krank sind und genesen?
>
> Sieh, ich möchte mich verteilen,
> Wie ein Becher seinen Saft –
> Heiland, gib ihm Kraft zu heilen.

Es ist auch später festzustellen, daß Goes keineswegs Verse und Strophen schreibt, die sich vordergründig als christliche Dichtung anbieten. Er versteht seine literarischen Arbeiten zu keiner Zeit als einen »Aufguß« der biblischen Aussagen, die sich meist nicht einprägsamer als in der Heiligen Schrift formulieren lassen. Die Gedichte »Davids Traum« (WW 267 bis 268) und »Die Stimmen der Anbetung« (L 70) – zunächst 1939 als »Der heilige Christ« erschienen – bilden hier durchaus eine Ausnahme. Sie sind als gültige Antworten auf Fragen eines Protestanten zu werten. »Wir können Dich, Kind / In der Krippe, nicht fassen. / Wir können die Botschaft nur / Wahr sein lassen« (L 70).

In seinen bis zum Ausbruch des zweiten Weltkrieges veröffentlichten Gedichtsammlungen widmet sich Albrecht Goes solchen Themen, die seinen Alltag auf dem Dorf berühren. Wie ein leuchtendes Entzücken werden Sommer- und Herbsttage empfunden, die Sterne am Firmament in die Welt der Träume einbezogen und das Aufwachsen und Spiel der Kinder verfolgt und beschrieben. Das Heraufbeschwören der Gestalt der Mutter, das Versenken in die Gedanken einer alten Bäuerin und das Blättern in der »Chronik« (WW 346) des Roßhirten Andreas Arnold, dessen Lebens Spur nun keiner mehr sieht, finden in den Gedichten ebenfalls ihren Niederschlag. Albrecht Goes weiß um bange und bedrohliche Stunden, die das Dunkel mit sich bringen kann – »Und wer noch wandert um diese Zeit, / Dem werden die Straßen lang« (H 15) –, aber er wird sich auch der Bestimmung bewußt, die sich aus dem täglichen Anspruch des Dienstes für andere ergibt. »Süßem Leben zugleich und allen bitteren Fiebern / Himmel und Erde teilhaftig bin ich geboren, / Mit dem versehrten und dennoch unendlich getrosten / Antlitz des Menschen« (H 53).

Die ersten Hefte mit Gedichten des Lyrikers Albrecht Goes bespricht Hermann Hesse 1935 in seinen Notizen zu neuen Büchern. Dem einfühlsamen Urteil ist zu entnehmen, daß das Lesen durchaus Vergnügen bereitet hat. »Was mir an diesen Gedichten gefällt, ist ihre gute formale Tradition, ihre sanfte Melodik; solche Verse könnten von einem jungen schwäbischen Pfarrer geschrieben sein, der zwar auch Kierkegaard gelesen hat, aber mehr und lieber seinen Mörike liest, der die Problematik des Tages recht wohl kennt, aber aus guten alten Herkünften und Traditionen trotz allem einen Glauben an den Menschen und an die Möglichkeit seines kindlichen Umganges mit Gott im Herzen hat. Die Gefahr einer solchen Begabung liegt im Leichtnehmen des Spielens mit der Form, im Leichtnehmen der Produktion überhaupt; dafür ist sie durch eine angeborene Pietät und durch einen hohen Geschmack vor jenen ahnungslos begangenen Scheußlichkeiten gesichert, welche manchem großen, aber traditionslosen Talent heute so nah liegen und oft sogar Spaß zu machen scheinen« (Die Neue Rundschau, 46/1935, Halbbd. 2, 671).

In dem 1940 veröffentlichten Bändchen »Der Nachbar« mit seinen 23 Gedichten setzt Albrecht Goes die Zwiesprache mit seinem Leser fort. Wiederum triumphiert Lebenszuversicht, und wer nicht auf das Erscheinungsjahr der kleinen Sammlung schaut, erfährt nichts von den Schatten, die in dieser Zeit über der Welt liegen. Goes vermag helles und tröstendes Licht zu spenden, und sein Gedicht »Die Kerze« (WW 271 bis 272), von ihm selbst gern in Veranstaltungen vorgetragen, soll die Dunkelheit vertreiben. »Stern und Tier und Blume fallen, / wie ein rotes Herbstblatt fällt, / Bruder, wir allein von allen / sind zu freiem Dienst bestellt: / frei darfst du den Abschied geben / jedem Glück, das du erwirbst, / denn du stürbest, würdst du leben, / und du lebst, dieweil du stirbst.« Die menschliche Existenz wird dennoch durch Schwermut und Traurigkeit stets von neuem bedroht. Das vergegenwärtigt manche Strophe in dieser Sammlung. Da ist es schon beruhigend, um das Einmalige zu wissen, das die Wunder der Schöpfung dem Menschen vermitteln. Zweifel werden durch die Gewißheit überwunden: niemand kann sich dem Eingebundensein in die Unendlichkeit entziehen. »Du würdest arm und alt, / eh daß du könntst durchdringen / die ewige Gewalt / in den geringen Dingen« (N 20).

Der aus dem Kriege heimgekehrte Albrecht Goes nennt 1947 einen Gedichtband »Die Herberge«. Das drückt Geborgenheit aus, die ein Dichter weitestgehend entbehren mußte in den gefahrvollen Jahren der Trennung von seiner Familie und dem Wirkungsbereich des Dorfpfarramtes. Nun versenkt sich Goes mit behutsamen Worten in die Welt seiner drei Töchter, die ihm das Wunder der Verzauberung bescheren. Es ist gut, endlich dem Ahnen der kindlichen Seelen so verheißungsvoll nachspüren zu können. Unter den Gedichten von Albrecht Goes, die sich der Welt des Kindes verpflichtet fühlen, sind uns »Das Puppenhaus« (Her 17–19), »Gleich hinter Weihnachten« (Her 22–23) und »Bratapfel« (G 27) wohl die vertrautesten. In dem bereits 1935 entstandenen Gedicht »Die Schritte« spricht Goes davon, daß das Kind eines Tages viele Schritte unbewacht allein gehen muß. Aber diese Gewißheit bleibt: »Geh kühnen Schritt, du tapfren Tritt, / Groß ist die Welt und dein. / Wir werden, mein Kind, nach dem letzten Schritt / Wieder beisammen sein« (Her 12).

Albrecht Goes hat in der Fremde nicht die Zuversicht verloren, daß sich Wandlungen vollziehen werden, um Trennungen zu beenden und Versöhnung in der Welt herbeizuführen. Die 1944 gedichtete Strophe »Den Müttern« (Her 62) stimmt hoffnungsvoll.

Vieles Böse geschieht.
Aber dieses, daß Kinder
Immer von neuem die Augen aufschlagen zum Leben,
Eben umhüllt noch vom Urtraum im Leibe der Mutter,
Und schon umfangen vom Auge der Sorge und Liebe,
Weinend zuerst,
Doch dem Weinen gesellt sich ein Lächeln,
Staunend sodann und Ergreifen und endlich ein Rufen –
Vieles Böse geschieht,
Aber dieses, ihr Mütter,
Dieses ist gut.

Schon diese Verse machen deutlich, wie sich Albrecht Goes in die Geschehnisse der Zeit eingebunden fühlt und sie mit dem Dichterwort zu läutern vermag. Einige Gedichte spiegeln Erlebnisse im Kriege wider. Goes denkt an Nächte in der Ukraine zurück und lobpreist Rumänien, das von ihm als »lebenssüß« (Her 45) empfunden wird. Man spürt, daß alle hier festgehaltenen Stimmungen und Gedanken aus einem bedrängten Herzen wiedergegeben werden. Die unmißverständlichste Absage an Krieg und Revanchismus ist das im Frühjahr 1943 in einem Fleckfieberlazarett während der Nachtwache niedergeschriebene »Gelöbnis« (Her 52), das manchen dann in der Novelle »Unruhige Nacht« so eindeutig formulierten Standpunkt schon erkennen läßt.

Welchem Ziel wir sterben?
Nicht dem Vaterland.
Nicht, daß die Enkel und Erben
Von neuem Länder erwerben,
Mit des Hasses grüngiftigen Schwaden
Von neuem die Seele beladen,
Von neuem die Seele beladen
Mit patriotischem Tand.

Welchem Glauben wir leben?
Uns ward dies Land zu klein.
Die in Panzern verbrannt und in Gräben
Verschüttet, die uns umschweben,
Die Toten, hüben und drüben,
Was wolln sie, als daß wir begrüben
Den bewaffneten Wahn und endlich,
Endlich Brüder sei'n.

Viele Menschen in den vier Besatzungszonen Deutschlands haben den Nachkriegsfrühling 1946 als ein Bild des Trostes aufgenommen. Die Freude an der Natur entspricht dem neuen Leben, das nach den Jahren der Gewalt als Gnade angenommen wird. Ein von Albrecht Goes mit »Karwoche 1946« (Her 71) überschriebenes Gedicht vergegenwärtigt in eindringlicher Weise dieses Empfinden. »Daß dies geschieht: daß so die Erde wieder / Vergessen kann das angetane Leid, / Daß sie Verstörung lohnt mit jungem Moosgrün. / Mit roter Blüte blutge Grausamkeit.« Es scheint, die Peiniger sind nun endgültig bezwungen, und wenn das Kreuz auch dauert, dann »Versöhnung deutend als der Worte Wort«.

Die Sammlung »Gedichte« (1950) enthält eine Auswahl aus früheren Bändchen von Albrecht Goes. Sie vermittelt einen Einblick in das in zwei Jahrzehnten gewachsene lyrische Werk, worunter sich mehr als zwanzig neue Gedichte befinden. Zum 70. Geburtstag dann kommt »Lichtschatten du« (1978) heraus, ein Hundert-Seiten-Band, der vorwiegend

des Dichters kostbarste Gaben aus einem Halbjahrhundert
bewahrt. Ein solches Lebenswerk überschauend, wird die Ge-
bundenheit an die Tradition sichtbar, das Unbeeinflußtblei-
ben von zeitbezogenen Strömungen in der Lyrik, die sich an
Albrecht Goes vorbeientwickeln. Nichts zeigt deutlicher seine
Verantwortung vor dem Wort, und wenn wir andere Dichter
nennen sollten, die mit gleicher Konsequenz unbeirrt ihren
Weg als Lyriker gegangen sind, fallen uns Rudolf Alexander
Schröder (1878–1962) und Walter Bauer (1904–1976) ein.
Goes fühlt sich nicht als Avantgardist berufen, ist aber mit
aktuellen Stilrichtungen durchaus vertraut. Er fürchtet sich
nicht davor, etwas so zu sagen, daß es als schön empfunden
wird. Eine solche Feststellung bedeutet keineswegs, Albrecht
Goes habe in seinen Gedichten die eindeutige Beziehung zur
Wirklichkeit verloren und würde sich in einer Welt voll un-
realistischer Träume verlieren. Das eben macht seine künstlerische Meisterschaft aus: Er schreibt keine »Erbauungs-
texte«; die geschichtliche Entwicklung als Mahnung bedenkend, fördert sie seine Liebe zum Menschenbruder und wirft
ständig neue Fragen auf. Hier können wir das Gedicht »Kreatur« (G 83) nennen, wo ein Grundanliegen im Sinne verantwortungsbewußter Allgemeinverständlichkeit behandelt
wird.

Menschen sehn sich an in Angst und Hassen,
Not und Notsteg kaum sie näher führt,
Müssen alle sich beschämen lassen,
Wenn ein Reh ein andres Reh erspürt.

Sahst du nie, wie Rehe sich begegnen,
Wie sie mit der Augen schönem Licht
Sich Vertrauen schenken, grüßen, segnen?
Menschen grüßen so die Menschen nicht.

Weißt du von den Vögeln, die sich locken,
Die sich finden hell im Morgenwind,

Von den Faltern, die in blauen Glocken
Eine Sommernacht beisammen sind?

Und Libellen schwirren im Gehege,
Suchen anderer Libellen Zier –
Wege durch die Schöpfung, lauter Wege –
Und kein Weg, mein Nachbar Mensch, zu dir?

Albrecht Goes hat im zweiten Weltkrieg miterleben müssen, wohin Unmenschlichkeit führt. Die Überwindung all dessen heißt für ihn nicht schweigendes Zuschauen, sondern als Dichter Mitverantwortung zu übernehmen, um das Verderben durch die Förderung neuer »Zuversicht« (WW 266) zu überwinden.

Freilich, das Feld ist zerstampft. Des grimmigen
    Hagels Gekörne
Schlug vor der Ernte den Halm ab, gab der Verwesung
    die Frucht.
Gift auch legte der Feind, der Feind im eigenen Lande.
Fiebernd taumelt ein Schwarm wilder Insekten
    im Sumpf.
Aber am östlichen Hang, wo eh das Feuer gewütet,
Prangt wie vor Jahren und neu weißen Holunders
    Geleucht.
Blieb ein einziger Keim. Doch bei dem einzigen Keime
Erd und nährendes Salz, Himmels erquickende Flut,
Zuversicht heischend. Und also, mit nicht geringerem
    Worte,
Ruft über Stunde und Tag dich der lebendige Geist.

Und wenn Albrecht Goes sich an seine Jugendzeit erinnert, kann er nicht mehr die Augen vor den Erschütterungen verschließen, die inzwischen über die Welt gekommen sind. Das Schaukeln einst im Thujabaum, von dem das Gedicht »Die unablösbare Kette« spricht, stimuliert nicht nur heitere Empfindungen, sondern provoziert Wachheit, weil damals »Keiner hatte uns wissen lassen / Den definitiven Sammelnamen Anne Frank« (L 71). Es darf nichts vergessen werden, und deshalb beschwört Goes erneut Geschehenes herauf, auch wenn ihm das nicht überall Zustimmung einbringt. Sein Protest möchte die Aufmerksamkeit schärfen, denn wie soll die einst selbst empfundene Herrlichkeit weitervermittelt werden, wenn nicht in einer friedliebenden Welt?

> Aber jetzt, wenn das Quittenbaumlaub
> Noch im Novemberlicht uns
> Seligkeit gaukelt und Glück,
> Unschuld der Kreatur –
> Wem gehört diese letzte
> Die vergessene Frucht
> Dort in der Krone?
> Rahel, Susanne, Bruder im Thujabaum –
> Jetzt freilich würgt am Halse sogleich die
> Unablösbare Kette:
> Baumfrucht Fruchtkern Kernhaus
> Blausäure Auschwitz (L 72).

Sich an den Mitmenschen zu verschwenden heißt für Goes in jedem Falle, stets ein Ungenügen über das Erreichte zu empfinden. Berühren seine Gedanken Verzicht, Tod und Ewigkeit, dann nimmt er dies alles als Gesetz der Wandlung an. Versunkene Jahre kehren nicht zurück – »Lichtschatten du und Wolkenglück« (WW 24) –, sie bleiben eingebettet in »groß Erinnerungsgewalt« (WW 24). Unerreichtes zu akzeptieren gehört mit zur Lebenslandschaft. Würden denn »Sieben Leben« (WW 334) ausreichen, dem zu entsprechen, was wir Vollendung nennen?

> Sieben Leben möcht ich haben:
> Eins dem Geiste ganz ergeben,
> So dem Zeichen, so der Schrift.
> Eins den Wäldern, den Gestirnen

Angelobt, dem großen Schweigen.
Nackt am Meer zu liegen eines,
Jetzt im weißen Schaum der Wellen,
Jetzt im Sand, im Dünengrase.
Eins für Mozart. Für die milden,
Für die wilden Spiele eines.
Und für alles Erdenherzleid
Eines ganz. Und ich, ich habe –
Sieben Leben möcht ich haben! –
Hab ein einzig Leben nur.

In »Sieben eigene Gedichte und ein Wort dazu« (DuG 69 bis 78) beschäftigt sich Goes mit dem Hintergrund, der zur Beschwörung seiner Verse beiträgt. Wenn sich der Dichter zu einigen Maximen äußert, dann erhält auch eine solche Feststellung ihr Gewicht: ».. . daß jedes Wort in einem Gedicht zusammenhängt mit allem Wort, das einer schreibt, genauer noch: daß sich hier alles Einzelne einem Zusammenklang mit dem Ganzen entgegendrängt« (DuG 77). Diese Erkenntnis weist den Weg zu jenen Gedichten, die Albrecht Goes der Zweisamkeit von Mann und Frau widmet. In den Liebesgedichten ist etwas von einem dauernden Zusammenklang zu spüren, der von Zärtlichkeit, Lust, schweigendem Verzicht, Schmerz und Erschütterung lebt. Es wird jedem nicht zu zweit vollbrachten Tage nachgetrauert und dies als verlorene Zeit empfunden. Als 1942 »Das Wort« (WW 25) entsteht, ist ganz besondere Zuwendung erforderlich, um inmitten des Kriegsgeschehens ungebrochen Kraft und Zuneigung zu schenken.

Ich liebe dich. Es ist das alte Wort –
Wer war's, der's sprach zum allerersten Mal,
Das Wort der Lust, das Quellwort süßer Qual?
Und wie geschah's, daß durch die Zeiten fort

Es weiterdrang? Wer, sag, wer trug's zu dir,
Beladen so von vieler Schicksalsfracht,

Flamme des Tages und Musik der Nacht
Und Übermacht – ach! Über dir und mir?

Das alte Wort. Und doch, da ich dir's jetzt
Zusage, ist's, als sei es nie zuvor
Berührt von Lippen, zitternd, heiß und schwer.

Wort, neugeschaffen, rein und unverletzt
Für diesen Mund nur und für dieses Ohr:
Hör mich, o du! Ich liebe dich so sehr.

In dem Gedicht »Die Mädchenflöte« (G 62–63), dem ein
Hauch unversehrter Welt eigen ist, kommt Lebensfreude zum
Ausdruck, der weder Kummer noch Angst etwas anhaben
können. Wer solcher Liebe Geborgenheit empfängt, öffnet
sein Inneres dieser Botschaft:

> Töne, doch nur mir vernehmlich
> Widertöne, meine Flöte,
> Was ich dir nur anvertraue:
> Mädchenspiel und -ernst und all die
> Großen, feuerfarbnen Wünsche,
> Unerfüllt und unerfüllbar.

> In die Finsternisse wag dich,
> Und noch über Angst und Abgrund
> Schwinge deine, meine Weise,
> Vogelstimme, schwerelose!

> Glaub fürwahr, wir sind einander
> Schon einmal und schön begegnet,
> Und das Lied, das wir beginnen,
> Ist das alte Lied der Herzen –
> Lied, das einst wie erster Gnade
> Frühwind selig uns umklungen.
> Und von neuem singt es Eintracht,
> Heilung, Tröstung, Lob und Leben.

Ein vor achtzig Jahren gepflanzter Ahornbaum entspricht in »Der Gefährtin« (T 162) dem Alter, das »die beiden Leben« ungebrochen beisammen sind. Was hier wachsen durfte, hat sich als standfest erwiesen. »Vielfarben« wie die Blätter an festen Zweigen sind die Jahre gewesen.

> Aber am Tage des zornigen Sturms
> Wird jede Faser lebendig.
> Doch der Zweige Umarmung ist schön
> Gleich dem Urwort: beständig.
>
> Um den Baum und auch um uns beide sind
> Gewirr vielleicht und Gewimmel –
> Aber noch immer der Lebenswind
> Unter dem offenen Himmel.

Wenn wir fragen, ob Albrecht Goes christliche Lyrik geschrieben hat und noch schreibt, kann die Antwort nur lauten: Als Christ und Dichter bejaht er die Schöpfung und geht davon aus, daß die Welt Gottes ist. Sein Gehorsam im Glaube, das Wissen um Dinge, die dem Menschen zum Halt werden, lassen in ihm keine unüberwindbaren Zweifel aufkommen, sondern die Hoffnung empfinden, daß es trotz aller Finsternis immer wieder die Sterne gibt. Wer sich mit der Lyrik von Albrecht Goes beschäftigt und sie für sein eigenes Dasein annimmt, wird der Gewißheit teilhaftig, hier nicht wenigen vollkommenen Gedichten zu begegnen, die die zeitgenössische Literatur vielfältig bereichern und Bestand haben werden.

Albrecht Goes wird immer ein Fragender bleiben. Er ist dankbar bereit, neue Erfahrungen zu verarbeiten und empfangene Eindrücke in seinem literarischen Werk zu reflektieren. Im Jahre 1972 wurde dem Dichter in Rom ein Aufenthalt in der Villa Massimo ermöglicht. Eine solche »italienische Reise« vermittelt einzigartige Begegnungen und schlägt sich dann in Gedichten wie »Freskenmaler in Cori« (L 86–87),

»Rom, am Trevibrunnen« (L 88) oder »Olévano, Blick auf Latium« (L 89) nieder. Es ist zu beobachten, wie für Albrecht Goes gerade in den letzten beiden Jahrzehnten gewonnene Reiseeindrücke und die Erlebnisse mit Musik und bildender Kunst sowie das Vermächtnis des biblischen Wortes viel stärker als früher zu dichterischer Aussage drängen. Für diesen Künstler gibt es kein ratloses Verharren, keine Resignation vor dem Alter, er fühlt sich als ein »Mensch im Weitergehen«, der weder zu Zeitvergeudung noch Gleichgültigkeit neigt. Und wenn er uns ein Gedicht wie »Im Park« (L 84) schenkt, dann erkennen wir deutlich, wo die Ursprünge für einen solchen Gleichklang zu suchen sind.

> Wie hundertalt und groß
> Der Bäume Stehn und Schweigen –
> Als wie von Ewigkeit
> Licht in verschlungenen Zweigen.
> Und wer bin ich – wer du?
> Ein Mensch im Weitergehen,
> Dem wolkenweiß und -leicht
> So Zeit wie Tag vergehen.
>
> Und doch: der Herzschlag zählt,
> Der Einst zum Nun begleitet
> Und selbst verborgnem Dann
> Die Lebensspur bereitet –
> Und doch: es zählt die Kraft,
> Die Glück als Glück empfindet,
> Wir sind nicht alt, solang
> Uns keine Stunde schwindet.

Der Umgang mit fremden Gedichten seit der Schüler- und Studentenzeit gibt Albrecht Goes die Möglichkeit, sich auf diesem Gebiet in Jahrzehnten seines Lebens einen tiefgründigen Einblick zu verschaffen. Mit seinen Versinterpretationen erweist er sich als ein feinsinniger Beobachter und Deuter. Ihm sind natürlich alle formalen Seiten bestens vertraut, denen ein kleines lyrisches Kunstwerk entsprechen möchte. Was bei Goes beeindruckt, ist sein Wissen um Zusammenhänge, die das Umfeld berühren, in denen ein Gedicht Atmosphäre und Lebensbereitschaft gewinnt. Auch im Gedicht kann sich eine Welt erschließen, wenn es nicht an Mut und dem Willen zur Nachbarschaft fehlt, einen auf den Leser zugehenden Vers anzunehmen. Es ist doch kein Geheimnis: Die Menschen manches anderen Staates fühlen sich im Alltag von jeher dem Gedicht näher als unsere Generationen in deutschen Landen. Deshalb ist die Mittlerrolle, die Albrecht Goes auf sich nimmt, eine Hilfe, um unseren Blick zu schärfen für ein Genre, in dem zwar viel produziert, aber nicht immer seiner Bedeutung entsprechend gelesen und innerlich verarbeitet wird.

Seine gesammelten Deutungen überschreibt Goes »Freude am Gedicht« (1952) und »Dichter und Gedicht« (1966). Sie lassen erkennen, zu welchen Autoren sich der Dichter besonders hingezogen fühlt: G. Tersteegen, E. Mörike, J. W. Goethe, F. Hölderlin, M. Claudius, G. Keller, H. von Hofmannsthal, R. Huch, F. Werfel und H. Carossa. Zu diesen Namen gesellen sich der schwäbische Landsmann Christian Wagner, dem auch mit weiteren Betrachtungen Respekt erwiesen wird, sowie Christian Morgenstern mit dem Gedicht »Der Gaul«. Wenn Goes die Frage stellt, ob denn die Interpretation derartiger Verse überhaupt gutzuheißen sei, gibt er zugleich die Antwort: »Man soll ein Gedicht nicht nach seinem Sinn fragen, wenigstens nicht unbedacht; ein wenig Wahnsinn ist immer ins Gedicht eingewoben« (FaG 44). Eine derartige Haltung wird verständlich, wenn man den Satz kennt, den Albrecht Goes einmal über sich geschrieben hat: »Daß er ein Schelm war, daß er Wortspiele, Parodien, Morgensterniaden, Späße aller Art liebte, wußte seine Familie« (T 168).

Gehen wir einmal davon aus, daß Morgenstern hierzulande ein bekannter Dichter ist, läßt sich das von dem Bauernpoeten Christian Wagner (1835–1918) aus Warmbronn im Württembergischen keineswegs sagen. Das benachbarte Gebersheim ist einst der Wirkungsort von Albrecht Goes gewesen. Er lernt hier in den dreißiger Jahren noch Menschen kennen, die täglich Umgang mit Wagner hatten. Der war in der Dorfidylle ein armer Bauer geblieben, verlor zwei Frauen und mehrere Kinder durch den Tod, erhielt sich aber die Einfalt des Herzens, die ihn zur Niederschrift seiner Verse inspirierte. Hinwendung zu jeglicher Kreatur schenkte ihm Gleichmaß seines Lebens, wobei den Blumen seine tiefe schöpferische Zuneigung gehörte. Ein mit »Tulpe« überschriebener Vierzeiler lautet: »O Tulpe du, O du Kalifenbraut! / Im Kleid des Islam dich mein Auge schaut. / Voll wilder Glut und voll von Farbenpracht, / Und märchenduftig wie die Mondesnacht« (T 238). Das kann man naiv nennen, und manche Zeitgenossen hielten Wagner durchaus für einen Narren, aber wer solche Verse dichtete, wollte mit seinen Meditationen Freude schenken und sein in Humor und Selbstironie eingebettetes Verwurzeltsein auf der Erde nicht verleugnen. Wagner fühlte sich seinen Mitmenschen voller Lebensgüte verpflichtet, auch wenn sie ihn 1884 beim Erscheinen des ersten Buches »Sonntagsgänge« nicht so recht zu begreifen vermochten. Daß Albrecht Goes das literarische Schaffen dieses Mannes für bewahrenswert hält und die Rolle des Vermittlers übernimmt, zeugt vom Ergriffensein, von der Ehrfurcht vor allem Lebendigen und gehört zu dem, was wir Schöpfen aus innerem Reichtum nennen.

Nicht nur in den genannten beiden Bändchen finden wir Deutungen aus der Feder von Goes. Auch in manchem Essay begegnen uns Abschnitte, die zu erkennen geben, wie er sich in Gedichte ganz unterschiedlicher Entstehungszeit einzufühlen vermag. Dazu zählt auch ein Volkslied wie »Es geht eine dunkle Wolk' herein«, das er als »zeitlos wie die Wahrheit« (FaG 68) bewundert. Albrecht Goes wählt bewußt solche Lyrik aus, die sich dem Leser ohne Vorbehalte erschließt. Wiederum zeigt sich, daß er nur das empfehlen kann, was seinem eigenen Lebensgefühl entspricht und nicht einem entfremdeten Menschenbild Auftrieb gibt. Wenn der Dichter Goes Verse anderer Autoren interpretiert, ist dies wohl auch als Dank für Literatur- und Bildungsvermittlungen zu verstehen, deren Nachwirkungen in seiner Erinnerung unauslöschlich sind. Es bleibt für uns zu beherzigen, was Goes über sein Herangehen an ein Gedicht formuliert: »Wir werden versuchen zu lesen, was dasteht; nicht mehr, nicht weniger. Dabei wird es uns zukommen, zu denken und zu fühlen, zu träumen und zu wachen, und unablässig zu fahnden nach der Zone, in welcher Denken und Fühlen, Träumen und Wachen beisammen sind, nach der Zone des Geheimnisses und der Verwandlung« (FaG 5).

Wer wie Albrecht Goes mit einem entscheidenden Lebensanstoß aufgewachsen ist, den ihm die Jugendbewegung in den zwanziger Jahren vermittelt hat, der nimmt auch die Herausforderung an, sich im Laienspiel eine schöpferische Basis für solche Aussagen zu schaffen, die zur Vermenschlichung in einer bedrohten Zeit beitragen. Durch die Jugendbewegung ist vorwiegend in der Zeit von 1920 bis 1933 mancher junge Mensch nachhaltig geprägt worden. Mit zur Jugendbewegung gehört das von Rudolf Mirbt (1896–1974) ganz wesentlich geformte Laienspiel. Die daraus resultierenden theoretischen und praktischen Erkenntnisse lösten eine Bewegung aus, deren Leistung, Leidenschaft und Begeisterung auf sehr unterschiedliche Weise bis in unsere Tage weiterwirken. Spieler und Zuschauer finden in einer eigenen Gesetzen gehorchenden Gemeinschaft zusammen, und niemand denkt daran, hier das Berufstheater zu kopieren oder zu ersetzen. Es geht nicht um schauspielerische Routine, sondern Dilettanten mit ehrlicher Hingabe an ihr Spiel versuchen dem Ausdruck zu geben, was Gleichgesinnte wie Antworten auf gestellte Fragen anzunehmen gewillt sind.

Zwischen 1934 und 1940 entstehen fünf Spiele, deren dichterischer Aussagewert unbestritten bleibt. Albrecht Goes wird auf diesem Gebiet zu einer Zeit wirksam, als die Machthaber den »Münchener Laienspielführer« in seiner 2. Ausgabe (1934) beschlagnahmen und damit sowohl Rudolf Mirbt als auch dem Christian Kaiser Verlag in München die Plattform für das bisher so erfolgreiche Engagement im Dienste des Laienspiels und der damit verbundenen Spielwochen im In- und Ausland entziehen. Dem Verlag genehmigt man nur die Produktion kirchlich gebundener Texte, woraus die Reihe »Christliche Gemeindespiele« entsteht, in der die Dichtungen von Goes ab 1937 erscheinen. Wer in dieser Situation im Kaiser Verlag seine Spiele veröffentlicht, gehört zu denen, die ihren Protest nicht lauthals zum Ausdruck bringen, aber die Abkehr von der faschistischen Diktatur nicht verschweigen. In diesem Sinne möchten wir die Evangelien- und Krippenspiele von Goes werten. Es gelingt hier der Versuch, eine Verbindung von Spiel und Verkündigung herzustellen und zugleich solche Aussagen zu treffen, aus denen Zuschauer und Hörer keinerlei Zugeständnisse entnehmen können. Sein Anliegen charakterisiert Albrecht Goes im Vorwort zu »Der Zaungast« (1938) wie folgt: »Das christliche Gemeindespiel ist, wenn es sich nicht überfordert, ein Hinweis auf die Verkündigung des Evangeliums oder eine Antwort auf solche Verkündigung. Es ist aber nicht selbst Verkündigung. Denn Verkündigung des Evangeliums ist kein Spiel, und also Spiel, auch christliches Gemeindespiel keine Verkündigung.«

Der junge Pfarrer Goes nennt ein vorweihnachtliches Spiel »Die Hirtin« (1934) und ein Krippenspiel für Kinder »Der Weg zum Stall« (1940). Zwei weitere Spiele basieren auf Lukas 12, 16–21 (»Die Roggenfuhre«, 1936) und Lukas 14, 16 bis 23 (»Der Zaungast«, 1938). Sein Frauenspiel »Vergebung« (1937) bringt uns eine Mutter unter dem Eindruck der Pfingstbotschaft nahe. 1949 schreibt Goes »Die fröhliche Christtagslitanei«, mit der er zugleich Werner Bergengruen und dessen »Kaschubisches Weihnachtslied« würdigt. Wie hätte sich das

Leben des anderen Orts zur Welt gekommenen Heilands vollzogen, wird im Spiel gefragt. »Wär er doch in unserm Land geboren, / Der, von dem wir bei Sankt Lukas lesen, / Ach, wir wollten Hausung ihm bereiten, / Daß er's nirgends besser finden könnte.«

Alle diese Spiele sind Dichtungen, die die christliche Gemeinde in das Geschehen einbeziehen. Wort und Lied gewinnen Bekenntnischarakter, denn die davon Angesprochenen lauschen Gottes Botschaft. Mit diesen Spielen soll nicht etwa die Predigt ersetzt werden. Sie wollen jedoch Zeugnis von der Wahrheit ablegen und ein lebendiges Mittun fördern. Das ist auch das tiefere Anliegen des Spiels »Der Mensch von unterwegs« (1949), von Albrecht Goes als ein Gespräch für die Christnacht in unseren Tagen konzipiert und 1959 durch drei das Anliegen erweiternde Abschnitte ergänzt. »Ich will die Freude. Nicht den Ruhm. / Den Frieden. Nicht die wilden Spiele. / Sag mir den Weg! Ich liefe weit, / Wärs nur der Weg zu diesem Ziele.« Das ist des Menschen Wunsch, der einen beschwerlichen Weg zurücklegen muß, um Flucht, Ratlosigkeit, Vereinsamung, Krankheit und Schuld so zu überwinden, daß wieder Liebe für den Nächsten sein Herz erfüllt.

Der Dichter Goes hat ferner »Das Sankt-Galler Spiel von der Kindheit Jesu« (WW 365–421) erneuert und damit für unsere Zeit in eine spielbare sprachliche Fassung gebracht. Es geht nicht um eine wortgenaue Übertragung, sondern Goes entschließt sich zur freien Nachdichtung, die jegliche Willkür meidet und so eines der ältesten Weihnachtsspiele überhaupt den Menschen der Gegenwart erschließt.

Albrecht Goes verfügt über reiche Fähigkeiten, Fragen nach dem Sinn des Lebens in verantwortungsbewußter, christlicher Glaubenshaltung zu beantworten. Seine Lyrik und die Gemeindespiele gehören zu liebgewordenen Kostbarkeiten unseres Alltags. Wer sich diesem Dichter anvertraut, überwindet Zweifel und gewinnt Mut. Seine Botschaften gehen

weit in die Welt hinaus und lassen einen Dichter zu gültigem
Wort kommen, der seinen Freunden und Lesern als Dank
nach dem 78. Geburtstag im Jahre 1986 diese Verse über-
mittelt:

> Es gibt Gewinnens- und Verzichtenszeit,
> So Streitenszeit wie Streiteschlichtenszeit.
> Ich kenne Säens- und auch Reutens-Zeit
> Und weiß nicht viel von Zeitvergeudenszeit.
> Wohl hat' ich Singens-, Halbgelingenszeit,
> Doch allezeit ist nicht Vollbringenszeit.
> Viel gab es Wandernszeit, Gut-Bleibenszeit,
> Und tausendfach gewiß Briefschreibenszeit.
> Noch ist sie nah, die nächt'ge Mühenszeit –
> Der Blick zur Vase lehrt Verblühenszeit.
> Nicht schmälre ich die Herzensneigenszeit,
> Doch gönnt mir auch ein wenig Schweigenszeit.

Wagnis der Versöhnung –
Wagnis in Gnaden

Wenn Albrecht Goes in seinen Betrachtungen und Bemühungen, in seinen Versuchen und Aufsätzen immer von neuem der Begegnung und dem Gespräch, dem Brückenbau und
dem Wort seine insistierende Aufmerksamkeit schenkt, so
ratifiziert er diesen Grundansatz auf seine Weise, wenn er –
zumal im Brief oder in der Rede oder in einer anderen Form
öffentlicher Aussage – Kontakt sucht, reagiert oder Rechenschaft über das ablegt, was ihm, zum Beispiel aus der Lektüre
eines Buches, zugewachsen ist. Zu den Arbeiten des Dichters,
die recht eigentlich ein Licht auch auf ihn selbst werfen, gehören denn die Reden, die er bei unterschiedlichsten Anlässen über Bach oder Buber oder Hesse oder . . . gehalten hat;
aber auch die Essays, in denen sich Interpretationen von dichterischen Werken finden, und nicht zuletzt eben die Briefe, die
ad personam gerichtet sind und viel über den Brückenbau des
Schreibers verraten, gehören in den Umkreis der Betrachtung . . .

Setzen wir in einigen Beobachtungen zu den sozusagen
»Widmungs«-Arbeiten des Dichters und zu seinen Werkinter-
pretationen an einer Stelle an, die für einen (sit venia verbo)
Dichter-Pfarrer so selbstverständlich nicht ist, bei Thomas
Mann nämlich.

Aus einem Aufsatz von Albrecht Goes zum 80. Geburtstag
von Thomas Mann (RE 84 ff.) weiß man, daß er schon früh
in Berührung mit dem Dichter war – zum 60. Geburtstag des
Emigranten (und das war auch ein politisches Bekenntnis des
jungen Pfarrers!) »durfte man zum erstenmal mit dabeisein,
jüngster Adept unter lauter hochansehnlichen Gratulanten«.

Über die Zeiten hinweg blieb Albrecht Goes in Verbindung mit Thomas Mann und seiner Familie, und es ist gut bekannt, wie er – über Psalm 30,6 – in strenger Beachtung »unverkürzt das Immerwährende zur Sprache« bringend, die Grabrede für Erika Mann in Kilchberg hielt.

Am tiefsten ist Goes in das Werk Thomas Manns dort eingedrungen, wo er in Tagebuchnotizen (Februar bis April 1948) die Lektüre des »Doktor Faustus« kommentiert – ach, was schreibe ich: kommentiert, wo er, muß es doch richtig heißen, das Fugenwerk des »Doktor Faustus« freilegt und es in seiner Vielschichtigkeit dem Gesamtwerk des Dichters zuordnet. »Vielschichtig also; und so wäre darzutun, wie dieses Buch als eine rechte ›Summa des Thomas‹ noch einmal alle Probleme aufgreift, alle Themen fugiert, die unsren *ludi magister* in seinem Schriftstellerleben beschäftigt haben. Das Thema ›Auswanderung, Ausbürgerung‹, das Tonio-Kröger-Thema; die Frage nach der Krankheit, wie sie Leben gefährdet und Leben steigert, die Zauberbergfrage; dazu kommen die Grundeinsichten aus den Gesprächen Eliesers mit Abraham, da man ›es ausmachen muß, wer Gott ist‹. Denn Leben, das sich in seiner Mitte ernst nimmt, muß wohl die Grenzbereiche gleichermaßen ernst nehmen, Wahnsinn und Tod also, dann aber auch ›das Wunder, das über den Glauben geht, das Licht der Hoffnung‹. Endlich aber erfährt unsere Geschichte vom ersten bis zum letzten Blatt ihre eigentliche Akzentuierung und Aktualisierung dadurch, daß sie ... als ›deutsche Geschichte‹ geschrieben ist, als Geschichte, die das, was dem Helden geschieht, symptomatisch gesehen wissen will für das, was einem ganzen Volk zuteil wird: Teufelspakt und Musik, Illumination, Barbarei und Untergang. Mit einem Wort: ebensogut wie wir den ›Doktor Faustus‹ ein theologisches Werk heißen können, mag er ein *politisches* Buch genannt werden. ›Ein einsamer Mann faltet seine Hände und spricht: Gott sei euerer armen Seele gnädig, mein Freund, mein Vaterland.‹ Dies das hochfeierliche Schlußwort des Ganzen; das

Komma zwischen ›Freund‹ und ›Vaterland‹ gibt die geheimnisvolle Nachbarschaft preis, ja: eine letzte Identität« (EA 58 f.).

Wenn man bedenkt, was um 1948/49 für Unsinn auch in protestantischen Zeitschriften über den »Doktor Faustus« publiziert worden ist (und dies trifft – unabhängig von dem positiveren, aber womöglich parodistischen Votum Thomas Manns selbst in einem Brief an Heinz Flügel von 1952 – tatsächlich zu), erhalten diese Bemerkungen Albrecht Goes' einen zusätzlichen Rang. Im Grunde haben sie aber ihren Wert in sich – wie all die anderen subtilen Beobachtungen in diesem Tagebuch, das ein wenig an die Tagebuchnotizen erinnert, die der Gewürdigte vierzehn Jahre zuvor über die »Meerfahrt mit Don Quijote« niedergeschrieben hatte. Musikalisches hat dabei, nicht zufällig, die Priorität, aber auch andere nicht sofort auffällige Bezüge sind präsent, die zu Ibsens »Brand« etwa. Oder: »Ich jedenfalls werde dieses Buch lesen, wie man Augustinus, Pascal, Kierkegaard liest, im Sinne der Confession also, im schonungslosen Sinn, der Weise folgend: ›Was will ich, Sören Kierkegaard? Ganz einfach: ich will Redlichkeit‹« (EA 53).

Überhaupt hat es Albrecht Goes – im Falle Thomas Manns, aber nicht nur in diesem – immer verstanden, weltliterarische Zusammenhänge zwischen manchmal scheinbar unvergleichlichen Größen herzustellen. So fiel ihm zum 75. Geburtstag Thomas Manns ein, daß dessen Tag der Geburt – 6. Juni 1875 – der Tag war, an dem Eduard Mörike in Stuttgart zu Grabe getragen wurde; »›Orplid und Zauberberg‹ – wie? das war eine gewagte Zusammenstellung«, schrieb er im Geburtstagsaufsatz von 1955. »Aber sie ließ sich wagen und als ›Thema con variazioni‹ komponieren. ›Orplid und Zauberberg‹ – das bedeutet: Mixturen aus Traum und Wirklichkeit werden, mit wechselnden Vorzeichen gewiß und doch Stafetten gleich, weitergereicht durch die Zeiten hin« (RE 85).

Da wären wir bei Eduard Mörike, dem Goes oft genug

(nicht unkritisch allerdings) gehuldigt hat. »Unschuld des Schönen« (RE 19 ff.) vor allem hat er an dem Dichterpfarrer Mörike entdeckt, und dort auch hat er auf jene Grablegung Mörikes hingewiesen (»auf dem Pragfriedhof hielt Friedrich Theodor Vischer eine mit Recht berühmt gewordene Rede«), um daran sofort eine andere Bemerkung (womöglich konfessorischer Art) anzuschließen: »Aber wie liest sich nun die Geschichte des inneren Lebens? Nicht als ein Schlüsselwort – denn alle Schlüssel schließen hier immer nur einen Teil des Hauses auf – wohl aber als Wort zur Charakteristik kommt uns die bang-wahrhaftige Unterscheidung des Thomas von Aquin in den Sinn, die davon spricht, daß das die Hölle auf Erden sei, wenn einem gleichzeitig potentia gegeben und actus versagt wurde. Potentia: das ist die Fülle der Kenntnisse, der Erkenntnisse, der Möglichkeiten – und actus: das wäre das Glück, diese Erkenntnisse in die Tat umzusetzen, diese Möglichkeiten zu verwirklichen« (RE 26 f.).

Brückenschlag von einer Größe zur anderen: Im Tagebuch der Faustus-Lektüre – dort, wo er die innere Kontinuität des Gesamtwerkes aufweist, wir haben dies zitiert – gibt es eine Bemerkung über Romain Rolland, wir haben sie bewußt ausgelassen, um gesondert auf diesen Bezug eingehen zu können. Mag der Bezug, den Albrecht Goes zwischen Thomas Mann und Mörike gestellt hat, scheinbar unvergleichbaren Größen gegolten haben, der zwischen Thomas Mann und Rolland, der zwischen »Johann Christoph« und »Doktor Faustus« (beides »deutsche Geschichten«), war dies natürlich nicht, und wenn Goes, hommage à Romain Rolland, aber auch Verbeugung vor der Witwe, »einen Tag in Vézelay« beschreibt, dann wird einem bewußt, welche Weite des Horizonts sich in den Mosaiksteinen des essayistischen Werks von Albrecht Goes auftut, (in der Doppelbedeutung dieses Worts) gefügt durch jenes doppelte Gedächtnis, von dem in anderem Zusammenhang die Rede sein wird und das im »Tag von Vézelay« eine eigenartige Deutung erfährt.

Vézelay – das ist für den Besucher Goes zunächst das Vézelay des Bernhard von Clairvaux und das des Heiligen Franz, des abendländischen (und nun allerdings schon wieder in sich doppelten) Gedächtnisses (angesichts der Distanz zwischen Kreuzzugsprediger und Apostel der »feurigen Liebe«). Dann aber ist Vézelay natürlich das des Romain Rolland, seines Hauses: »Wir trinken einen reinen, milden Burgunderwein, und während wir in die Glut blicken, verläßt unser Bewußtsein (doppeltes Gedächtnis. G. W.) von neuem das Heute. Nicht das Hier. Denn hier gingen sie aus und ein, die Gestalten, die wir nun beschwören: leibhaftig waren sie hier zur Stelle oder nach Geisterweise: Maxim Gorki und Mahatma Gandhi, Tolstoi und Péguy, Michelangelo auch und Beethoven. Denn das war sein, des Dahingegangenen, Erstes und Bestes: die Kraft, wahrzunehmen, Größe groß zu heißen, und Bande zu knüpfen über Räume und Fernen und Zeiten hin. Aber dann drängen Romain Rollands eigene Gestalten nach: Annette und Sylvia haben ihren Gesang von der ›Verzauberten Seele‹, Pierre und Lutz stimmen die Todesweise an und Colas Breugnon die Weise des Lebens, aus dem Spiegel aber blickt Johann Christoph zu uns her, hochsinnig und heftig, als einer, den zu lieben nicht leicht, den zu verleugnen aber uns unmöglich ist« (RE 117).

Und noch einen anderen Bezug legt Albrecht Goes an diesem Tag in Vézelay frei: »Eine Postkarte kommt mir in den Sinn, man hatte sie mir vorhin gezeigt, eine Postkarte mit dem Datum 5. August 1940. Romain Rolland hatte sie von der Colline de Vézelay zur Collina d'oro zu senden versucht, zu seinem Freunde Hermann Hesse nach Montagnola hinüber, aber sie hatte ihr Ziel nicht erreicht. ›Retour à l'envoyeur‹ lautete der Stempel, mit dem die Zensur den Friedensgruß bedacht hatte. Vorwärts! Kein ›Zurück‹ darf trennen, was sich sucht. Das Glück der ›Verzauberten Seele‹ – es will von neuem Gestalt gewinnen. Stummes pocht an die Türen. Wer öffnet? Wer spricht?« (RE 118 f.)

Die Welt des Dichters Hermann Hesse ist, nicht nur wegen der gleichsam Calwer Nachbarschaft, die Welt des Albrecht Goes: Deren intime Kenntnis ermöglicht ihm, aus den Einzelheiten das Ganze zu erschließen, und über der Deutung des Ganzen die Bewunderung des Details nicht zu versäumen. Es ist überdies das »aus hundert und aberhundert kleinen Einzelarbeiten bestehende Werk« Hesses, das sich »so unzersplittert wie ein Mosaik, sagen wir: wie das dunkelleuchtende Deckengewölbe aus dem Mausoleum der Galla Placidia in Ravenna ... zu einem fügt ...« (WV 21).

In der »Ravenna«-Betrachtung (WW 281 ff.) war es Hesses, von Schoeck vertontes Ravenna-Gedicht, das Goes kontrastreich zur Wirkung bringt – in dem Hesse-Essay (denn das ist diese Rede zum 80. Geburtstag) wiederum ist Ravenna gegenwärtig, um die geheime Intention im Werk des Dichters ans Licht zu bringen. Wie im Tagebuch der Faustus-Lektüre vermag Goes in der Studie über Hesse in der Würdigung der dichterischen Feinheiten zu schwelgen, ohne indes das Große und Ganze aus dem Auge zu verlieren. Die geheime Intention führt zum Glasperlenspiel – »alles ist Glasperlenspiel« (WV 21).

Hesses Welt als Glasperlenspiel – es sind drei Hauptstücke, die dem Magister ludi zur Verfügung stehen (im Doppelsinn des Wortes!): Bipolarität des Lebens (Trieb und Geist, Goldmund und Narziß), göttliche Einheit der Welt und die Sorge um das »geschwächte Leben«. Und es sind das Spiel und die Heiterkeit, mit denen über diese drei Hauptstücke verfügt wird, die kastalische Heiterkeit, versteht sich.

In diese Hesse-Welt ist für Goes nun allerdings auch das Politische, wie selbstverständlich, eingefügt (in jener Selbstverständlichkeit oder soll man sagen: in jener spielerischen Leichtigkeit, wie wir sie in den Betrachtungen und auf eigene Weise in den Predigten von Goes entdecken werden).

Um dies zu verdeutlichen: Dort, wo Goes in scheinbarer

Ferne von politischer Ortsbestimmung über die göttliche Einheit der Welt bei Hesse nachsinnt und einen charakteristischen Satz des Dichters hierzu zitiert (alles Böse bestehe darin, daß wir einzelne uns nicht mehr als unlösbare Teile des Ganzen empfänden), hält Goes, eben wie selbstverständlich, fest: »Zu der Zeit, als er diese Sätze schrieb, standen ihm die schwersten Belastungen, die einer solchen Zuversicht auferlegt werden können, noch bevor: das Teufelswerk der Hitlerei, durch das viele Menschen, die ihm und seiner Frau Ninon nahestanden, in Auschwitz und anderswo umgebracht worden sind« (WV 31 f.).

Und an anderer Stelle seiner Rede über Hesse erinnert Goes daran, daß dieser schon 1914, alles andere denn in der »Unmutslaune eines Außenseiters«, die berühmt gewordene Beschwörung »O Freunde, nicht diese Töne!« als seinen Cantus firmus vorgetragen habe. Diesem sei er immer treu geblieben:

»Es ist die Sorge um den Frieden der Welt: die Sorge, daß der Mangel an Menschheitsmut, unsre Unlust, kühn, großräumig zu denken, uns immer aufs neue eben diesen schrecklichen Vereinfachern in die Arme treiben und von unsrer eigentlichen Aufgabe abziehen wird. Hesses Aufsätze aus dem Buch ›Krieg und Frieden‹ haben in nichts ihre Aktualität verloren, und unsre Feier heute wäre eine fatale und etwas unaufrichtige Sache, wenn wir nicht gerade auch an diesen Hesse denken wollten: im Sinne der Aufmerksamkeit, das heißt so: daß wir es uns gesagt sein lassen« (WV 29 f.).

Auf dem Hintergrund solcher Erwägungen, in die noch einmal das spezifische Gewicht der Bemerkungen über Thomas Mann einzubringen wäre, wird nun der Blick auf Martin Buber zu richten sein.

Für das Verhältnis von Goes zu Buber gilt biographisch das, was schon für das zu Thomas Mann anzumerken war: Völlig unzeitgemäß hatte sich der 26jährige Albrecht Goes im August 1934 ausgerechnet an den »jüdischen Volksfeind«

Martin Buber in Heppenheim gewandt und nach der »Haltung des Verantwortlichen« gefragt, und die Antwort hatte,
so Goes in der Rückschau, gelautet wie schon der Ausruf Martin Bubers zwanzig Jahre zuvor: »Du sollst dich nicht vorenthalten.«

Diesen denkwürdigen Vorgang hat Albrecht Goes in der
Rede beschrieben, die er 1953 in der Paulskirche zu Frankfurt am Main anläßlich der Verleihung des Friedenspreises
des Buchhandels an Buber gehalten hatte. Der Vorgang wird
übrigens noch denkwürdiger dadurch, daß Buber über die
Zeiten hinweg Goes eine zweite Antwort gegeben hatte, und
der Dichter zitierte sie in der Frankfurter Rede:

»Vor der diesmaligen Europareise habe ich die Pflicht
empfunden, die Briefschaften von 1933 bis 1953, soweit sie
bewahrt worden sind, erneut durchzusehn, und dabei ist mir
Ihr Brief von 4. August 1934, in dem Sie nach der Haltung
des Verantwortlichen fragen, in einer besonderen Weise zu
Gefühl gekommen. Ich bekam das fragende Herz des damals
jungen – Sie schreiben ›sehr jung‹ – Menschen stärker als damals zu fühlen. Die Welt ist heute so beschaffen, daß man
keine Erfahrung einer echten Nähe noch verschweigen darf;
darum schreibe ich Ihnen. Ich weiß nicht, in welchem Maße
Sie noch mit dem Schreiber des Briefes identisch sind (ich
bin heute mehr sein Empfänger als ich damals war), aber
Sie stehen gewiß noch in einer so intimen Beziehung zu ihm,
daß Sie ihm meinen Gruß in aller Unmittelbarkeit ausrichten
können« (RE 156).

Hatte und hat Albrecht Goes – mit den Worten, mit dem
Wort skrupulös umgehend – jeder Rede, jedem Vortrag besondere Aufmerksamkeit gewidmet, der in Frankfurt zu Eh-
ren Bubers, gerade erst acht Jahre nach der Befreiung, jene
doppelte und dreifache, die die Schuld bis ins dritte und
vierte Glied erforderte, und so war denn der Briefwechsel
von 1934 und von 1953 dem nicht nur skrupulös mit dem
Wort umgehenden, dem vor allem das eigene Tun und Lassen

einem rigiden Moralismus unterwerfenden Dichter gleichsam die Legitimation, vor Martin Buber hinzutreten und das
zu halten, was eine Laudatio genannt wird. Eine »normale«
Laudatio, unabhängig von ihrem intellektuellen Rang, ist
sie dann doch nicht geworden, eher eine Art Zettel, »wie die
Chassidim (sie) niederlegten an der Tür des großen Maggid
oder beim Rabbi Schmelke von Nikolsburg« (RE 155).

Daher auch galt des protestantischen Dichters Zuwendung
zu Martin Buber an jenem Herbsttag des Jahres 1953 dem,
der in die Tiefen des menschlichen Daseins hatte blicken
müssen, und dem, der auf Gottes Stimme in der Höhe geach-
tet hatte, und vor allem dem, der sich, gleichsam in der
»Mitte«, um die Menschen sorgte und sorgt. »Nicht die Got-
tessorge – denn der Ewige bedarf ja dessen nicht, daß wir
uns sorgen um seine Verwirklichung in dieser Welt –, sondern die Menschensorge ist Martin Bubers Grundsorge. Die
Sorge um alles menschliche Mitsammen. Ob die, die miteinander zu tun haben, nun ›wirklich miteinander zu tun haben‹.
Ob sie in alle Ewigkeit nur ihre bitteren Monologe sprechen – wissend, daß es Monologe sind, oder gar vermeinend,
es sei schon Dialog, was doch nur aneinander vorbeiredet.
›Die eigentliche Schicksalsfrage der Menschheit‹ – so heißt es
in Bubers Abschiedswort an seine amerikanischen Hörer –
›ist die Frage, ob es den unmittelbaren, rückhaltlosen Dialog
gibt, das echte Gespräch zwischen Menschen verschiedener
Art und Gesinnung.‹ Sorge. Sorge um das Ich und um sein Du.
Um das Zusammen und Zugleich von Gottesdienst und Menschendienst. Um die Einung des Zerfallenden. Und das so,
daß immer der kleinste Raum vor Augen steht, der Bereich
des Zwiegesprächs, und der größte Raum, wie ein Atem, der
durchs Fenster hereinweht, geahnt und gewußt ist: das Volk,
die Völker, alles Menschentum« (RE 163).

Knapp fünf Jahre später, zum 80. Geburtstag des jüdischen Denkers, hat Goes wiederum über Buber als »lebendige Legende« gesprochen, und »Gottesdienst, verstanden als

Menschendienst« (WV 50) ist wiederum Kernstück der Annäherung, dahingehend präzisiert: ». . . als Sorge darum, ›inmitten des Trüben, des Gehemmten, des Trotts, der Mühsal‹ den ›Durchbruch zu erfahren, nicht den der mystischen Verzückung, sondern den der menschlichen Begegnung‹« (WV 50 f.). »Dialogisches Leben« ist denn auch neuerlich das Zeichen, unter dem diese Begegnung stattfindet.

Das, was Buber als das Eigene in den Dialog einbringt, sieht Goes in drei Erfahrungen: in der von der Würde des Dauernden, von der Ahnung einer Möglichkeit der Erinnerung aus dem Elementaren und von der anderen Ahnung, »daß Gefahr wohnt auf dem Weg von uns zum Anderen, daß wir selbst es sind, die die Unbefangenheit einer Ich-Du-Beziehung gefährden« (WV 44 f.).

Da, wo Goes von der Würde des Dauernden redet, fügt er erläuternd hinzu: »das immerwährende ›Schema Jisrael‹«, und es war ja dies »Schema Jisrael«, das einem Text von Albrecht Goes über seine Begegnung als Soldat mit Juden in Ungarn am Ende des Krieges die Pointe gab. Goes, bei einer Arztfamilie einquartiert, wird mit deren Sorgen, deren Angst konfrontiert:

»Da standen sie, Vater und Sohn. Ärzte beide. Kluge Gesichter, leiderfüllte Gesichter. Juden. Verse stürzen über mich her, Franz Werfels Verse vom jüdischen Schicksal: Ich selbst, ohne Volk, ohne Land / Stütz nun meine Stirn in die Hand. Nun ist das Licht schon im Abschiednehmen. Es ist so dunkelgolden, wie es nur selten einmal bei uns drüben in Deutschland zu sehen sein kann. Die Kuppel der Synagoge ist wohl zu erkennen von dem Platz aus, an dem ich stehe. Mir fällt ein, daß hierzulande Judesein immer zugleich auch Israelitsein bedeutet, Gliedschaft im Alten Bund und Gesetz. Mose, denke ich, David, Jeremia. Immer wieder Jeremia. Und dann sage ich plötzlich in die Stille hinein: ›Schema, Jisrael, Jahwae elohenu Jahwae aechad.‹ Das alte ›Höre, Israel, der Herr, unser Gott, ist ein einiger Gott‹; – das Wort,

das sie einst auf ihr Handgelenk geschrieben hatten, feier-
liches Wort ihres Bundes. Ihres Bundes und unseres Bundes.
Da geschieht dies: kaum, daß ich das Wort ausgesprochen
habe, kaum, daß hier in dieser ungarischen Stube die hebrä-
ischen Laute verklungen sind, geht eine Bewegung durch die
beiden. Tränen stehen dem Vater in den Augen, und der
Sohn blickt zu mir her mit einer erschütterten Glut. Sie gehen auf mich zu. Sie geben mir die Hand. Was Fremde war
und Angst – es ist alles versunken. Der Herr, unser Gott,
ist ein einiger Gott« (MM 39).

Goes sieht das Proprium Bubers für das Dialogische indes auch in seinem weiten Bildungshorizont, in seiner »humanistischen Ausfahrt«, und an dieser humanistischen Ausfahrt beobachtet er allerdings die Wendung hin zum Vermächtnis des Baalschemtow, zum Chassidischen, dem Buber
fünf Jahre der Arbeit widmete, ihm und der von ihm bestimmten Wirklichkeit innezuwerden, »fünfzig (Jahre) dann
der Aufgabe, die lebenskräftigen Quellen, die hier zutage
traten, weiterzuleiten« (WV 47).

Goes übersieht aber auch dies nicht: »Eben hat sich ihm in
der chassidischen Erfahrung (einer Erfahrung, für die das
Wort ›Mystik‹ nur mangelhaft einsteht) gezeigt, daß Volk,
Sprache, Bild, Schönheit, Humanismus unverbindlich bleiben
ohne Rückbindung an das Ewige, sprich: ohne Religion . . .,
da wagt Buber sich selbst den Einwurf: ›Religion ist selber
heute eine Sache des abgelösten Geistes, eine seiner Abtei-
lungen, eine gewiß bevorzugte Abteilung des Überbaus des
Lebens . . . das lebensumfassende Ganze ist sie nicht . . .‹
und, positiv dann gesetzt, im Buch ›Zwiesprache‹: ›Oben und
Unten sind aneinander gebunden. Wer mit den Menschen
reden will, ohne mit Gott zu reden, dessen Wort vollendet
sich nicht; aber wer mit Gott reden will, ohne mit den Menschen zu reden, dessen Wort geht in die Irre‹« (WV 49 f.).

Also Gottesdienst und Menschendienst, Mystik und Humanismus – Begegnung und Dialog. Und – Gesundheit. »Zu

94

Bubers Bild gehört die Gesundheit, die leibliche, die geistige.
Der unbefangene, sehfreudige Blick, der gerne wahrnimmt:
Natur, Kreatur, den Menschen, das Gebild, das Kunstwerk.
Es gehört zu Buber das organische Wachstum seiner geistigen
Welt: auf jeder neuen Stufe, die erreicht wird, ist die vor-
hergehende nicht überwunden, nicht verneint, sondern mit-
gemeint, mitgeliebt« (WV 51).

Schließlich hat Goes, die christlich-jüdischen Religionsge-
spräche und das »Wagnis der Versöhnung« einbeziehend, die
gleichsam prophetische Dimension dieser lebendigen Legende beschrieben:

»Die Frage nach dem Wesen der Prophetie, die Bedeutung des messianischen Gedankens, die Nahtstellen zwischen
Altem und Neuem Testament, das Geheimnis biblischen
Führertums – dies kam auf ihn zu, und alle bis zur Stunde
gesammelte Einsicht wurde dieser Arbeit dienstbar. Es galt,
mit Genauigkeit und Unbefangenheit, mit nüchterner Zuversicht (›nüchtern‹ und ›Zuversicht‹, beide Vokabeln gehören
zu Buber) des innezuwerden: woher dieses Wort der Schrift
kommt – und wohin es geht« (WV 52).

Woher – wohin? Vorsichtig wird anvisiert, was wir in der
Betrachtung über die Genesis hinsichtlich der Ankunft ken-
nenlernen werden... All dies wird von dem Redner in dem
»Gruß« zusammengefaßt, der der Gruß dieser lebendigen
Legende sein könnte: »Dem Einzelnen wird er entgegenge-
bracht, der Gruß, der einst dem hohen Boten anvertraut war.
Nun zeichnet er ein Leben, und zeichnet es aus. Das Strö-
mende ist auch in diesem Gruß. Er heißt: ›Fürchte dich
nicht!‹« (WV 64)

Das »Fürchte dich nicht!« des (welch Paradox) heiteren
jüdischen Philosophen – es sollte auf dem Hintergrund der
Heiterkeit bei Hesse gesehen werden, der kastalischen also,
und in der Rede über Hesse hat Goes deren Bestimmung aufgenommen: höchste Erkenntnis und Liebe, Bejahung, Wachheit...

Eine solche Überlegung führte Albrecht Goes die Feder, als er den Nekrolog auf Buber schrieb (»Junge Kirche« 7/1965):

»Die bei Kösel und Lambert Schneider erschienene große dreibändige Ausgabe der ›Werke‹ . . . ist ein Werk, geschrieben in einem Deutsch, in dem Anmut und Würde einen – ich wage zu sagen: einzigartigen Pakt geschlossen haben; ein Werk der Geduld und der Heiterkeit, der Strenge und der Gelassenheit, wobei freilich keinen Augenblick sich vergessen läßt, daß dem Ganzen zugrunde liegt eine Erfahrung, die – wie Buber es ausdrückte – ›den Menschen in all seinem Bestande, sein Denkvermögen durchaus eingeschlossen, hinnimmt, so, daß durch alle Gemächer, alle Türen aufsprengend, der Sturm weht.‹ ›Ich habe keine Lehre‹, so lesen wir in jenem testamentartigen Text, mit dem der erste Band der ›Werke‹ schließt – ›ich zeige nur etwas. Ich zeige Wirklichkeit, ich zeige etwas an der Wirklichkeit, was nicht oder zu wenig gesehen worden ist. Ich nehme ihn, der mir zuhört, an der Hand und führe ihn zum Fenster. Ich stoße das Fenster auf und zeige hinaus. Ich habe keine Lehre, aber ich führe ein Gespräch.‹«

In diesem Zusammenhang muß auf eine merkwürdige Begebenheit hingewiesen werden. Am 21. November 1947 berichtete Nelly Sachs Hugo Bergmann, einem führenden Mann des Kulturbundes: »Albrecht Goes, Dichter und Pfarrer in Schwaben und Freund Hesses, schrieb mir dieser Tage (er las mein Buch in Deutschland), hier sende ich Ihnen meine Dinge. Wollen Sie diesen Jakob (von Goes. G. W.) annehmen, wenn er auch auf Christus zielt, so annehmen, wie es Buber täte . . . Natürlich nehme ich ihn an!« An Goes selbst schrieb sie am 16. Juli 1950 ». . . ich weiß mich auch im Schweigen Ihnen nahe verbunden . . .« (Zitate aus dem von Ruth Dinesen und Helmut Müssener in Frankfurt/M. herausgegebenen Buch der Briefe von Nelly Sachs).

Gespräch, Dialog, Schweigen – von Buber zu Nelly Sachs, aber auch von Buber zu Romano Guardini . . .

Einen »Mann des Gesprächs« sah Goes auch in Romano Guardini, dem großen, römisch-katholischen Theologen, dem er – zu dessen Tod am 1. Oktober 1968 – ein Erinnerungsblatt an den »vorletzten Winter der ersten deutschen Republik« widmete, daran, wie er Romano Guardinis Pascal-Vorlesung (Montag 17 bis 18 Uhr) an der Berliner Universität aufgenommen habe, in jener Zeit, da schon »Herr Hitler die Hände im Spiel (hatte), und alles ging dem Abgrund zu« (nach einem Sonderdruck zitiert). Der evangelische Theologie-Student Goes, zu den vielen nichtkatholischen Zuhörern gehörend, war mit Guardini nach und nach in Kontakt gekommen. »Eines ist mir nicht mehr erinnerlich: wie es zum ersten Zwiegespräch kam. Doch sehe ich mich an manchen Abenden nach der Vorlesung mit dem Professor durch den Tiergarten laufen, Charlottenburgwärts. Damals konnte man erfahren: wie gern, wie glücklich er zu sehen vermochte – den Rauhreif, die Wintervögel, die Glühlampen im Nebel. Alle Wirklichkeiten drängten bei ihm zueinander, und so, aus der Welt der Zusammenschau, gab er mir jene Antwort, die ich im besonderen mit diesen Wintergängen in meiner Erinnerung verbinde. Ich weiß nicht, wie und was ich gefragt hatte. Es war eine Frage aus der Sphäre des Konflikts zwischen Zweifel und Vertrauen, eine studentische Denkfrage gewiß. Guardini blieb stehen, sah mich an – und fragte zurück: ›Wissen Sie denn nicht, daß Ihr Verstand auch getauft ist?‹ Das war eine verblüffende Antwort. Eine, in der sich die Möglichkeit einer Einheit von Denken und Glauben andeutete. Ich vermute: ich werde nichts erwidert haben auf diesen Satz. Man soll ja nicht immer etwas zu erwidern haben. Aber ich habe ihn nicht vergessen.«

An anderer Stelle hat Goes Guardini als »meinen Lehrer« bezeichnet – es war dies, bezeichnenderweise, in jener Veranstaltung in Urach 1977, in der das Uracher Seminar (Goes war von 1924 bis 1926 dessen Schüler) aufgelöst wurde. An Mörike erinnerte er in seiner dortigen Ansprache, und Guardini zitierte er an solcher Stelle, ich wiederhole es, als seinen Lehrer (»Blätter für württembergische Kirchengeschichte«, 77/1977, S. 161 ff.).

1968 ist auch Karl Barth gestorben – in der Rückschau, durch die Brille von Albrecht Goes gesehen, wird einem erst wieder bewußt, daß der wohl größte deutschsprachige katholische Theologe (trotz Rahner, Urs von Balthasar und Küng) seit der Mitte unseres Jahrhunderts in eben dem Jahre verstarb, in dem der größte deutschsprachige evangelische Theologe des 20. Jahrhunderts heimging. »Erster und letzter Besuch« bei Karl Barth – über ihn, im späten November 1968, hat Goes einen seiner schönsten Widmungs- und Huldigungsaufsätze geschrieben. Der Predigtband »Ein Knecht macht keinen Lärm« und (wie könnte es anders sein?) ein Mozart-Vortrag, von Goes ins Baseler Bruderholz geschickt, hatten zur Einladung in das »bescheidene Barth-Haus« geführt (»kaum ein bundesdeutscher Bürgermeister oder Landrat würde sich mit einer solchen Wohnung begnügen«). »In seinem Arbeitszimmer saß er, den Schreibtisch im Rücken, und hieß mich willkommen. Das voilà-un-homme-Gesicht kannte man von vielen Drucken; hundert und tausend Falten waren eingeritzt, überstandene Krankheit war lesbar, aber die Augen blickten heiter und großgütig her. Dunkle Strickweste; sehr zarte Hände. Diese Hände hatten immerhin zu Zeiten die Zügel eines Pferdes gerne gehalten; der berühmte Römerbrief von 1920 ist zu einem guten Teil nicht ersessen und nicht erwandert, sondern erritten – und auch sonst war das Zügelhalten in jedem Betracht die Sache dieser Hände gewesen. Nein, das war kein Papa, auch kein Großpapa, sondern ein Herr.« (Hier zitiert nach einem Sonderdruck – der Aufsatz ist auch im »Evangelischen Pfarrerblatt« 5/1971 erschienen. Vgl. T 175 ff.)

Von Helmut Goes, dem Bruder, und von Thomas Mann war in dem Gespräch die Rede, von Zuckmayer (dem späten Freund Karl Barths) und Golo Mann (von dessen »Wallenstein«), von Schiller und Mörike, im Zusammenhang mit Mörike von David Friedrich Strauß, von Catholica und vom Predigen – und natürlich von Mozart, »großer Gegenstand gemeinsamer Liebe«.

»Und da waren wir denn, dieses Zusammen und Zugleich bedenkend, bei einem der Barth'schen Altersthemata, bei der Zweistimmigkeit des göttlich-menschlichen Lobgesangs; bei dem klar geschieden und doch unablässig korrespondierenden Divinum und Humanum und so dann auch bei den Gegnern aus jüngster Zeit. ›Ich nehme es gewiß niemand übel, wenn er gegen meine Theologie ist. Was ist Theologie? Stückwerk ist sie; aber wenn sie's nun schon immer mit der »Mitmenschlichkeit« halten, dann fehlt mir eines: daß sie nicht über sich selbst ein bißchen lachen können! Ist man denn ein Mensch, wenn man nicht ein bißchen über sich lachen kann?‹ Wie schnell geht eine Stunde dahin, wenn Rede und Gegenrede so nahtlos sich ineinanderfügen, wenn keine Hörnot, keine Altersschwäche das große Gegenüber lähmt, keine Müdigkeit.«

Beim Hinausgehen werden die »Vorväter im Geist« – in effigie zu sehen im Treppenhaus an der Wand – visitiert, Schleiermacher, Tobias Beck und Kant (Barth: ». . . da fing alles an.«). Interessant genug, was zu Schleiermacher im Gespräch angemerkt wurde:

»›Zwei Schleiermacherbilder haben Sie da, Herr Professor, Sie, der große Schleiermacher-Aggressor der Zwanziger Jahre. Ihre Darstellung von damals hat etwas von einer grimmigen Liebeserklärung. Ich habe – zuerst wohl durch diesen Aufsatz gelernt, daß man nur dann einen Gegner versteht, wenn man immer auch *für* ihn argumentiert.‹

›So? Hören Sie, das freut mich. Und: da haben Sie auf alle Fälle etwas Gutes gelernt. Man muß nicht immer gerecht sein wollen; aber man kennt seinen Partner nicht, wenn man ihn a priori verteufelt. Das ist schlechtes politisches Handwerk.‹«

Das Goessche »Ur-Für« in Barthscher Interpretation . . .

Der Abschied: »Ich dachte jetzt nicht daran, daß man das Lebenswerk des Mannes, die ›Kirchliche Dogmatik‹, schlicht und ohne groß auf Widerspruch zu stoßen die größte geistige Leistung unsres Säkulums heißen wird, etwa in der Tonart, in der man von der Summa des Thomas von Aquin zu seiner Zeit sprach oder von Rankes Weltgeschichte. Ich sagte nur eben mein ›Danke‹ und nahm die Türklinke in die Hand. ›Wenn Sie wieder in Basel sind, kommen Sie wieder. Ich freue mich.‹ Das war der Abschied.«

Zwölf Tage später ist es Gewißheit: Das war im menschlichen Sinne der Abschied für immer . . .

Mozarts Musik war es gewesen, die den Karl Barth nicht fernen Theologen und Dichter nahe an diesen herangeführt hatte – jener Mozart, dem von Goes »Leichtigkeit der Seele« zugeordnet wird, Leichtigkeit der Seele, die »Frucht jener Heiterkeit des Herzens ist, die dem Credo entstammt«. Da haben wir wieder, wie bei Hesse und Buber und doch wieder anders, Heiterkeit, eben als Heiterkeit des Herzens, die wiederum »heiliges Signet der Wanderschaft« ist, »Gastgeschenk an den Gast, der die Zeltpflöcke nicht zu tief einrammt« – wir haben gesehen, welche Bedeutung dieses Motiv bei Goes hat . . .

»›Salva me, fons pietatis‹ – ›Gnadenquell, laß Gnade walten –‹, in den letzten Novembertagen des Jahres 1791 hat er in seinem ›Requiem‹ diese Worte vertont, ›den Todesgeschmack auf der Zunge‹ schon. Aber auch bei Fiordiligi und Dorabella, die er, im Jahr zuvor, in ›Così fan tutte‹ ihre verwirrt-verwirrenden Arien singen ließ, hat er es nicht anders gemeint. ›Così fan tutte‹ und ›Zauberflöte‹ und ›Requiem‹: es war eines beim anderen für ihn, es war die Botschaft des Hier-und-dort, des Weiter-und-weiter. ›Noch einmal möchte ich meine Zauberflöte hören‹ – die Überlieferung kennt dieses Wort als ein Wort seines letzten Lebenstages, und sie weiß, daß er dann probeweise vor sich hin gesungen habe: ›Der Vogelfänger bin ich ja‹ . . . So winkt der Gast sein Lebewohl, bang und heiter und ewigkeitsentschlossen. Winkend ruft er die Gefährten – uns vielleicht, dich, mich: ›Weil sich Wandrer gern gesellen, denn auch ich bin nicht von hier.‹« (RE 210 f.)

Leichtigkeit der Seele in Mozarts Musik – es ist wiederum kein Zufall, wenn der Dichter beschämt feststellt, zwei Jahrhunderte lang hätten wir »der innigen Gewalt Mozartscher Musik mit der dumpfen Gewalt unsrer großen Kriege und unsres kleinen Streits« geantwortet (RE 209).

Hierzu paßt eine (nun nicht mehr Barth, sondern – Buber mit Mozart verbindende) Bemerkung, die sich am Ende des 1974 gehaltenen Vortrags »Mozart dreiundzwanzigjährig« (nach Manuskript-Kopie zitiert) findet: »Wir denken – mag dann zuletzt doch noch stellvertretend ein großer Name genannt werden – an einen einfachen Ausspruch Martin Bubers, der gerade aus Martin Bubers Mund uns bewegen wird. Irgendwer, ich weiß nicht wer, hatte ihm, der ja selbst schwer an schwerer Geschichte zu tragen hatte, ein Seufzerwort gesagt des Sinnes, es sei doch sehr unsicher, ob noch immer, wie Hebel einst meinte, die ›erhaltenden Kräfte‹ in der Welt die ›zerstörenden‹ überwiegen. Buber hatte zugehört und mußte nun wohl antworten. Hätte er Hölderlin, den er liebte, antworten lassen, so hätte er vielleicht erwidert: ›Wo aber Gefahr / ist, wächst das Rettende auch‹. Aber er wollte nicht zitieren, er wollte selbst antworten. So antwortete er: ›Aber was wollen Sie? Es gibt doch Mozart.‹«

Was bei Mozart für Goes die Leichtigkeit der Seele ist – bei Bach ist es, 1958 in der Predigt auf dem 35. Bachfest in Stuttgart ausgesprochen, das »überfließend Maß«. »Ein überfließend Maß – das ist Gottes Weise; diese Tage können uns, Hörende und Musizierende, daran erinnern. Auch diese Stunde, auch diese Predigt will es tun. Will bezeugen, daß der Geist, der als Gottes Geist in die Welt strömt, der Geist, der so ganz nun auch Bachs Musik durchtönt, ein unkarger Geist

ist, der die *Kraft der Verschwendung* kennt: ein überfließend Maß« (WV 68 f.).

Kraft der Verschwendung aus überfließendem Maß bei aller Ordnung (gewiß, auch das wird von Goes betont) – ihr gesellt sich die »Gnade der Versöhnung« zu: »Versöhnung: So meinen es die Fugen, so meint es die ganze Bachsche Polyphonie: daß das Fremde zueinander gefügt wird, daß das Verschiedenartige, ja das Dissonantische noch sich findet. So meint es Bachs Strenge und Bachs Spielerlust, und eines ist hier nicht ohne das andere zu denken: daß Gesetz und Freiheit ihr Bündnis schließen in dem, was im Brief des Jakobus heißt: ›Wer aber durchschaut in das vollkommene Gesetz der Freiheit . . .‹« (WV 74)

Und schließlich das (unausbleiblich) Dritte: »Licht der Verklärung«, und dies trotz oder gerade wegen des »Irdisch-Standfesten« der Bachwelt – »ganz anders noch als bei Mozart, dem Gast«. Verklärung sei bei Bach daher auch nicht »unirdisch-überirdisch«: Mitten im Erdenstreit werde »das herrisch-herrliche ›Aber‹« gewagt: »›Ich hatte viel Bekümmernis in meinem Herzen – aber – deine Tröstungen erquikken meine Seele . . .‹« (WV 77)

Kraft der Verschwendung, Gnade der Versöhnung und Licht der Verklärung – es seien dies die »Gaben der ewigen Liebe, die uns umschließt«. Bach steht denn auch am Eingang eines durchkomponierten Buchs des Dichters, das den Titel »Die Gabe und der Auftrag« trägt und in dem der Hörer und Leser, der Betrachter und der Träumer (ihn hatten wir noch nicht), der Wanderer, der Wächter und der Diener das Wort erhalten, und der Text über Bach gibt nicht nur den Notenschlüssel ab für das »Hörer«-Kapitel, sondern gleichsam für alle. »Heilige Klarheit: es ist Musik der Erde, und Spiel des Lebens hier« – »im Bündnis mit allem dem in uns, was das Licht des Tages nicht zu scheuen braucht«. Diese Musik rate nicht zur Flucht, zu Vergessen und Tod, sie sei einfältig, wie das Höchste einfältig ist, und sie sei eine Tür zum Wort, zur strengen, kühlen Klarheit des Wortes, aber auch die Tür zur Tat und zum Schweigen, »das in sich selber ruht, das aber beim Wort wohnt« (GA 9 f.).

Bach fällt Goes denn auch ein, wenn er im Vorwort zu einer Ausgabe des »Hohenliedes« dessen Stellung im Kanon des Alten Testaments erörtert und nolens volens auf die Problematik, den Zwiespalt »geistlich-weltlich« kommt (dies wohl auch in Kenntnis der seinerzeitigen heftigen Debatte in der Bach-Forschung, ob Bach wohl in erster Linie als weltlicher oder geistlicher Musiker zu würdigen sei): »Immer wieder im Gang der Jahrhunderte war es die Musik, die ja von allen Künsten am stärksten, am unmittelbarsten und am natürlichsten den Zwiespalt ›geistlich-weltlich‹ in sich selbst aufhebt, die sich dem ›Lied der Lieder‹ zugewandt hat: die großen Solokantaten von Dietrich Buxtehude über Hoheliedtexte – sind das weltliche oder geistliche Werke? Das ist schwer zu sagen. Und auch die kostbarste von allen Vertonungen, das Sprengsel Hoheslied mitten in Bachs ›Matthäuspassion‹, an ausdrücklich geistlichem Ort also, jener Chorruf, der einer einsamen Klage, dem ›Ach, wo ist mein Jesus hin?‹ antwortet, dieses ›Wo ist denn dein Freund hingegangen, o du Schönste unter den Weibern?‹ – auch diese Vertonung empfängt ihre geisterhafte Transparenz, ihr Hier-*und*-Dort aus der Weisheit, von der es bei Gertrud von le Fort heißt: ›Denn wisse, Kind, es gibt in alle Ewigkeit nur *eine* Liebe, die stammt vom Himmel, auch wenn diese Welt sie irdisch nennt – Gott nimmt sie an, als wäre sie ihm selber dargeboten‹« (Das Lied der Lieder, Stuttgart 1964, 4 f.).

Geistlich-weltlich – im Grunde steht dieser Topos im Hintergrund aller Erwägungen des Dichters und Theologen Goes über Dichter, Musiker und Künstler, über die Kunst. Geistlich-weltlich oder, wie ein Vortrag hieß, »Künstler und Christ« (der Bindestrich und die Copula haben eine analoge Funktion) – es geht (und das ist der Titel wiederum einer Rede zur Eröffnung der Buchhandlung der Evangelischen Gesell-

schaft in Stuttgart 1961) um das »›Vorzeichen: christlich‹«.
Und es geht natürlich sehr vorsichtig um dieses Vorzeichen.

In beiden Texten kann man, fast wortwörtlich identisch,
dies lesen: »Ich lasse mich nicht abdrängen in die theoretische
Frage, ob es eine christliche Kunst gebe, ob es heute noch
(was ist das für ein ›noch‹?) christliche Dichtung geben könne.
Ich halte dies für eine falsche Frage.« Und Goes hatte jeweils
hinzugefügt: »Ich glaube . . ., daß es Künstler gibt, die zu
keiner Zeit auf den ›unzerstörbaren Charakter‹ ihres Christseins verzichten wollen, wie fragwürdig er auch in ihnen Gestalt finden mag. Sie betrachten ihren Christenstand – im Zusammenhang mit ihrer Arbeit – weder als eine Hypothek
noch als ein Privileg« (Stuttgarter Vortrag I, IW 86).

Übrigens – wir bleiben also im Kontext – sind es Bach
und Mozart, die in solchem Zusammenhang vor allem auf-
gerufen werden.

Keine Hypothek, kein Privileg hat der Christ und Künstler, er unternimmt ein »Wagnis in Gnaden«. Wagnis (wir
wissen: ein Schlüsselbegriff von Albrecht Goes) ist Substitut
des Bindestrichs und der Copula, Wagnis in Gnaden das
Zeichen dafür, was eigentlich Priorität vor Bindestrich und
Copula hat. Allerdings heißt es »Wagnis in Gnaden«, nicht
in Gnade. »Sagen wir ›Gnade‹, so berühren wir die Sphäre
des Heiligen und den Bereich einer Freiheit, über die wir
nicht verfügen können. Heißen wir die Kunst das Wagnis in
Gnaden, so mögen wir an Aufstand und Widerstand denken, an Götter- und Götzendämmerungen vieler Art, aber
die mutwillige Zerstörung und die Lust der Verneinung, die
sich selbst genießt – sie sind nicht gemeint. Sagen wir ›Bereich der Freiheit‹, so ist damit dies gesagt: es geht bei der
Kunst nicht um das Sachgemäße allein, wie es der Technik
um das Sachgemäße geht, nicht um das Präzise allein, wie es
der Forschung um das Präzise geht, nicht um das Zusammen-
hängende allein, wie es zur Aufgabe der Wissenschaft gehört, Zusammenhänge zu finden. Sie, die Kunst, hat außer

mit dem Sachgemäßen auch mit dem Spiel zu tun, außer mit dem Wach-Präzisen auch mit dem Traum-Ungefähr, außer mit dem Zusammenhang der Dinge auch – und ausdrücklich – mit dem Augenblick, mit dem erfüllten Augenblick, in dem Denken und Fühlen, Wachen und Träumen beisammen sind« (IW 88 f.).

Füglich wird dann der Künstler, der Dichter vor der »Felswand seiner Vorstellung« (IW 89) gezeigt, und dieses Bild erinnert an das Ur-Bild »Felswand« bei Goes, auf das wir noch gestoßen werden; dieses Ur-Bild erhält in dem Vortrag über »Künstler und Christ« die Gestalt des Credo. Zwischen Felswand und Felswand das Wagnis in Gnaden . . .

Eine »freie Weltlichkeit der Kunst« (IW 93) eröffnet sich hier für Goes, und zugleich stellt sich (geistlich-weltlich!) die Aufgabe, »die Wirklichkeit des Menschen mit dem Auge Jesu zu umfassen« (IW 95). Das Inkarnatorische bekommt seinen bedeutenden Stellenwert, und vom »Credo filium pro nobis incarnatum« werden diese Linien ausgezogen:

»Wenn wir das Ereignis der Weihnacht so verstehen, wie es verstanden sein will, dann wird es ›post Christum natum‹ gewiß noch Anlaß genug zu tiefer Traurigkeit geben, und auch eine Kunst, die diese tiefe Traurigkeit wahr sein läßt. *Unendliche* Traurigkeit aber wird es in diesem Zeichen nicht mehr geben, und gerade die ›Schmerzgebirge‹ der Bachkantaten deuten sich selbst nicht als ein Letztes, sondern als den vorletzten Ton« (IW 98).

»Nach *dem Krieg,* den der Feind an Ostern verloren hat, ist Anlaß genug vorhanden, auch in der Kunst das ›Ostergelächter‹ zu wagen, und man wundert sich, wie selten dergleichen geübt wurde« (IW 98 f.). »Credo spiritum sanctum vivificantem –: indem wir diese pfingstlichen Worte des Glaubensbekenntnisses an den ›Heiligen Geist, der lebendig macht‹, über uns aufrichten, sprechen wir für unsre Aufgabe ein Nein und ein Ja« (IW 99).

Weihnachten, Ostern, Pfingsten – ein Nein (Ur-Nein des

Christen und Künstlers), ein Ja (Ur-Ja des Christen und Künstlers) ergeben sich im Blick auf die vom Credo dominierte Wirklichkeit. Der Pfingstgeist ist (gerade für den Künstler) »der Türöffner, der aus dem Angstkreis der Erstickung ins Offene weist, wir heißen ihn Lebenswind und Gottesfeuer« (IW 99) – also das »Ja«. Aber wir können nicht »über ihn verfügen«, wir können ihn nicht »›dingfest‹« (IW 100) machen.

»Und wie uns das ›Credo filium‹ verwehrt, irgendein Gestern zu verklären, wie es uns die Romantisierungen verbietet, so bewahrt uns das Bekenntnis des Glaubens an den Heiligen Geist vor den Falschmünzerspekulationen, vor dem Versuch, im Kunstwerk ›Geschichte vorausbestimmen‹ zu wollen, oder an Utopien (an irgendein ›1984‹ unter christlichem Vorzeichen etwa) auch nur zu denken. Aber zugleich gilt auch: wie uns das ›Credo Jesum Christum‹ an die Gegenwart wies, wie es uns verpflichtete, nach der Wahrheit für den Menschen dieser Stunde zu fragen, so wird im ›Credo spiritum sanctum‹ ein Auftrag erteilt, der die Zukunft betrifft, ein Auftrag, der uns freilich nicht ermutigen will, die Kunst in den Dienst einer – wie sagt man? optimistischen Weltansicht, einer fortschrittsgläubigen Lebensbemächtigung zu stellen. Es gibt – auch nach Pfingsten – nicht *mehr* als die zuversichtliche Bitte des ›Veni, creator spiritus‹ – ›Komm, Schöpfer Geist‹, nicht mehr als ein hoffnungsvolles ›Noch-Nicht‹ – und in ihm den Morgenruf des Menschen, Stimme ohne Lärm, streitend wider den Schlaf der Welt« (IW 100 f.).

Es ist beachtlich, wie der Christ und Künstler Goes, über »Wagnis in Gnaden« meditierend, das Credo auf die Wirklichkeit und auf den Auftrag des Künstlers beziehend, Positionen der Annäherung an geistige (und künstlerische) Kräfte findet, die von ganz anderen Voraussetzungen her wider den Schlaf der Welt streiten:

Als ich Albrecht Goes Anfang der siebziger Jahre besuchte, lag, aufgeschlagen, Bechers Tagebuch »Auf andere Art so große Hoffnung« auf dem Tisch ...

»Aber sagen könnte ich, daß ich oft an den Dichter Garcia Lorca denke, an seine Kraft, das Schwere leicht und das Leichte noch im Zusammenhang mit dem Ganzen zu sagen, er, der es ausgesprochen hat, die wahre Poesie sei ›Liebe, Mühe und Verzicht‹ ... Vielleicht, daß im hellen Tag dann doch auch noch Platon Karatajew ins Blickfeld tritt, von dem – in Tolstois ›Krieg und Frieden‹ – gesagt ist: ›Er sang nicht, wie Sänger singen, die wissen, daß sie Zuhörer haben, sondern er sang, wie Vögel singen, und zwar darum, weil er das Bedürfnis hatte, diese Töne aus seinem Herzen ausströmen zu lassen, wie er das Bedürfnis hatte, sich zu recken und zu strecken‹« (IW 105 f.).

Tolstoi wird so überraschend vielleicht nicht genannt – überraschend aber García Lorca ...

Wiederum nicht so überraschend ist es wohl, wenn Goes zum 50. Geburtstag Bölls in der Festschrift »In Sachen Böll« (Köln 1967) nach sehr genauen Beobachtungen der Böllschen Gestaltungskraft im Detail (in diesem Fall der Zahnpastatube von Marie Derkum in »Ansichten eines Clowns«) des Dichters politische Position würdigt: »Wer, wie Heinrich Böll, zu gebotener Stunde den Streit nicht scheut, die Strenge nicht mißachtet und der Wahrheitsfrage nicht ausweicht ...«

Die beiden Vorträge über das Christliche in der Kunst hatten in etwa einen Ausgangspunkt – und beide diesen Schlußpunkt: »›Für wen bauen Sie eigentlich‹‹ So habe Hans Poelzig, der große Baumeister, einen Studenten zornig gefragt; der Student hatte Unstimmigkeiten in seinem Entwurf damit entschuldigen wollen ›sie beträfen ja nur die Hinterfront, die niemand sähe‹. Darauf Poelzig: ›Für wen bauen Sie eigentlich? Wir bauen für den lieben Gott – und der sieht alles‹« (IW 107, Stuttgarter Vortrag 8).

Für wen bauen Sie? Womit bauen Sie – erbauen Sie? Es lohnt sich daher schon noch, einen flüchtigen Blick auf das zu werfen, was sich Albrecht Goes unter dem »Vorzeichen: christlich« in einer evangelischen Buchhandlung wünscht: die Heilige Schrift, »wobei ich die beiden großen Martins miteinander nenne: Martin Luther und – für das Alte Testament – Martin Buber«, die Katechismen, Augustins »Bekenntnisse« und die »Nachfolge Christi« des Thomas a Kempis (ohnehin »Long- und Bestseller« geistlicher Literatur!), theologische Literatur von Brenz bis Bengel, von Barth bis Bonhoeffer, dann Hebel und Claudius, Fontane und Thomas Mann. »Nach dem Krieg, den der Böse an Ostern verloren hat (wir erinnern uns – ein Stichwort, das Stichwort aus dem anderen Vortrag. G. W.), ist Raum für das in Gott heitere Buch . . .«: Bruce Marshall und Wilder, Nestroy und Morgenstern und Mörikes »Mozart auf der Reise nach Prag«. Kogons »SS-Staat« – zur Aufklärung wünscht sich Goes dieses Buch, aber auch »Das Brandopfer« und »Das Löffelchen« (»Warum soll ich es nicht nennen, da es mir vom Herzen ging und noch immer auf dem Herzen liegt?«).

Goes nennt aber nicht nur Namen und Titel, er entwickelt Kriterien, eine »Rangordnung«, und die ist denn doch, es gibt bei Goes die überraschende und nun schon nicht mehr überraschende politische Pointe, an- und aufregend genug:

»Ich glaube, daß das Klare vor dem Dumpfen rangiert, das Einfache vor dem Verworrenen, das Lebengestaltende vor dem Lebenverstörenden. Ich glaube, daß es geboten ist, die Wahrheitsfrage über einem Buch zu stellen: redet es in Zerrbild, Utopie, Teilwahrheit, in schönem oder in perversem Schein vom Menschen oder fragt es wirklich: ist das im Menschen? Und endlich: wird ein Letztes an Menschenwürde, die ja freilich immer wieder durch uns selbst bedroht ist, im Buch bewahrt? Konkret gesprochen: ich werde eine Buchhandlung, in der ich die Erzeugnisse der ›National- und Soldatenzeitung‹, das ganze alt- und neuvölkische Gesox finde, einmal betreten, aber kein zweites Mal mehr« (Stuttgarter Vortrag 7).

Genau an dieser Stelle fügt der Künstler und Christ, die Copula und den Bindestrich neuerlich Prioritäten konfrontierend, hinzu:

»Um zum Anfang zurückzukehren: das Vorzeichen einer Buchhandlung, wie sie mein Entwurf sieht, kann nur eines sein: *ein Kreuz*. Es ist von diesem Zeichen einst, bei Konstantin, gesagt: ›In diesem Zeichen wirst du siegen.‹ Das Zeichen ist uns so nahe wie vor sechzehnhundert Jahren, das Zeichen wandelt sich nicht. Vom ›Siegen‹ freilich denken wir wohl anders als zu Beginn des konstantinischen Zeitalters. ›Die Siege laden ihn nicht ein‹: das verstehen wir jetzt, denk' ich, besser als frühere Jahrhunderte das verstanden haben. Genug, wenn wir unter diesem Zeichen – auch durch das Buch – sichtbar machen, daß es uns geht um des Menschen Zuflucht und Heil, um das Unbedingt-Offene; um etwas, das zugänglich bleibt, auch wenn so viele Türen sich schließen« (Stuttgarter Vortrag 7).

Der Künstler und Christ, der in so knappen Strichen dezidiert dem konstantinischen Christentum absagt und sich der Theologie der Erneuerung öffnet, tut dies freilich fest gegründet in den urchristlichen und altchristlichen Traditionen, nicht aus aktuellen Erfordernissen und Bedürfnissen, und gerade deshalb kann er sich von seinem festen Gegründetsein vor der Felswand des Ewigen den Mühen der Ebenen des gesellschaftlichen Lebens seiner Zeit zuwenden und dort die Nähe zu denen empfinden, die wie Lorca gegen die Faschisten gekämpft haben, die – man weiß, wer das gesagt hat – wider den Schlaf der Welt streiten.

So auch verstehe ich, was mir Albrecht Goes vor 30 Jahren zu meinem Aufsatz in dem Essayband »Begriff und Gestalt« (Berlin 1958) schrieb. Ich hatte dort in Hinsicht auf Werfels »Vierzig Tage der Musa Dagh« festgestellt:

»In diesem Buch, das das Schicksal der Armenier angesichts der Verfolgungen durch die Türken im ersten Weltkrieg beschreibt, ist es Werfel gelungen, die individuelle, soziale und transzendente Wirklichkeit als eine Wirklichkeit zu gestalten. Dieses Buch ist reich an prallen, lebendigen Persönlichkeiten, für die sich der Leser sofort interessiert. Diese Persönlichkeiten werden aber nicht in individueller Isolierung gezeigt, sondern im Zusammenhang mit der Geschichte des armenischen Volkes. Die individuellen und nationalen Kämpfe werden ihrerseits nicht isoliert von den sozialen Kämpfen, von dem Klassenkampf, der innerhalb des armenischen Volkes vorher getobt hatte und auch in der Zeit der Türkenverfolgung weiter tobte. Und schließlich sind die einzelnen Persönlichkeiten und das ganze armenische Volk geprägt vom Geiste der armenischen Kirche, einer Kirche, die eine der ältesten der Christenheit überhaupt ist, die kein Schisma und keine Reformation gekannt hat und kennt. Diese Zusammenschau und die Gestaltung aller entscheidenden Faktoren der Wirklichkeit des armenischen Volkes in dem Roman Werfels sind beispielgebend für eine künstlerische Produktion, die nicht nur ›weltanschauliche‹ Interessen oder das Spannungsbedürfnis des Lesers befriedigt, sondern dazu beiträgt, die von der Oktober-Revolution gestellten Fragen zu beantworten und die durch sie veränderte gesellschaftliche Wirklichkeit geistig zu bewältigen« (128).

Dann hatte ich hinzugefügt: »Ähnliches könnte man von den Novellen von Albrecht Goes sagen, z. B. vom ›Brandopfer‹ und der ›Unruhigen Nacht‹, in denen die entscheidenden Momente der Wirklichkeit ihre Gestaltung finden und in denen zugleich eine parteiliche Stellungnahme gegen den imperialistischen Krieg und für eine Welt des Friedens bezogen wird. Es ist nicht unwichtig, darauf hinzuweisen, daß beide Schriftsteller, sowohl Werfel als auch Goes, nicht bewußt daran gearbeitet haben, eine solche Funktion zu erfüllen, nämlich die Funktion, die Christenheit in den geistigen und politischen Auseinandersetzungen nach 1917 bewußt zu orientieren« (128 f.).

Daraufhin schrieb mir Albrecht Goes: »Sehr geehrter Herr

Wirth, fast zufällig nahm ich am Abend ›Begriff und Gestalt‹ in die Hand, das schon vor einiger Zeit zu mir gekommen war, damals aber nicht gleich betrachtet werden konnte, und fand Ihre Besinnung, die auch mit meinen Büchern sich beschäftigt, und ich möchte Ihnen sagen, daß ich einverstanden bin mit der Deutung, die Sie – in Wert und Grenze – meiner Arbeit geben. Sie verstehen es recht, wenn ich sage: je länger ich über die Aufgabe des Wortes in der Kunst nachdenke, um so entschlossener werde ich, gar nichts mehr zu *wollen*: Bin ichs, der gestaltet, und *weiß* ich, was ich mit meinem ganzen Denken und Planen und Spüren und *Leben* will, dann wird das Richtige und Wünschenswerte und Lebenschaffende und Völkerverbindende hörbar werden, und wenn ich von einem Luftballon oder einem Mädchenkuß schriebe. Ich habe da wieder vieles gelernt in den letzten Jahren, – auch etwas durch den Film Unruhige Nacht, an dem ich nur sehr mit Maßen beteiligt war. Den heftigen attackierenden Vorspann, der nicht von mir ist, den ich aber schließlich als Zeichensprache dann gut geheißen habe und den ich natürlich hier gegen alle die vielen wilden Attacken dagegen entschieden verteidige, – ich kann ihn, – innerhalb der Mauern gesprochen – doch unmöglich gut finden: die Sache wird *schwächer* gesagt, wenn sie *ausdrücklich* gesagt wird. Nun, das ist ein weites Feld. Mir lag nur daran, Sie freundlich zu grüßen. Ich hoffe, Sie nehmen aus der Ferne wahr, daß ich den Platz, den ich für den richtigen halte, mit einiger Strenge und Klarheit täglich neu präzisiere: auch durch alles das, was ich nicht tue, – auch durch allerlei Fernbleiben und allerlei, wo man meinen Namen nun eben prononciert nicht findet. Ihr Albrecht Goes.«

Ein Brief des Dichters vom 21. August 1959 – ihm folgten andere, in denen er analog Stellung bezog, Dichterisches und Theologisches differenzierte, sich zu den Traditionen des württembergischen Protestantismus bekannte, sich aber auch in andere Traditionen und Lebenserfahrungen und politische Positionsbestimmungen hineinzudenken vermochte. Hiervon zeugt ein schöner Brief an den Union Verlag vom 29. Juni 1962: »Was ich Ihnen aber gleich doch sagen möchte, ist, mit wieviel Bewegung ich den Lebensbericht von Bruno Theek gelesen habe ... – es hat mich sehr beschäftigt, wahrzunehmen, wie Lebensgänge in so ganz verschiedenen Bereichen – wie Berlin und Württemberg, Mecklenburg und Stuttgart verschieden sind, – bei verschiedenen Ausgangspunkten doch zu hundert Lebens- und Gewissensberührungen führen. Ich habe nur einen Teil von Theeks Erfahrungen in mir selbst ganz miterfahren, und kann so nicht alle seine Folgerungen mitvollziehen, das ist sicher, aber: ich war sehr angerührt von dieser Publikation, und viele Stücke Geschichte, die ich – mehr leidend als handelnd – miterlebt habe, stellen sich mir in ganz verwandtem Licht ...«

Und am 21. Februar 1971 schrieb Goes an mich:

»Emil Fuchs's Tod hat mich sehr bewegt ... offenbar war er ganz geistesmächtig und frisch bis zum letzten Hauch ...«

Es ist wohl deutlich geworden, wie dieser Dichter im Dialog mit der Welt humanistischen Geistes unterschiedlicher weltanschaulicher Richtungen immer war und geblieben ist. Der Kreis dieser Geister ist immer weiter gezogen worden, und in ihm können sich alle wieder entdecken, die für Frieden, Gerechtigkeit und Bewahrung der Schöpfung eintreten. Der Kreis aber hat einen festen Mittelpunkt, einen unverrückbaren ...

Unterwegs
sein und ankommen

»Quellen, die nicht versiegen« – »Von Mensch zu Mensch« –
»Ruf und Echo« – »Im Weitergehen« – »Aber im Winde das
Wort«: Es sind dies, wie man schon gemerkt hat, Titel von
Büchern des Dichters, die hier beinahe willkürlich, jedenfalls
nicht in der Chronologie ihrer Veröffentlichung und unter
Absehung davon, daß in die jeweils eigenartig komponier-
ten Bände diese und jene Arbeit aus einem anderen hineingenommen worden ist, zusammengestellt sind. Es sind dies
aber, wie man ebenso rasch erkannt haben wird, Titel, die
auf den Kern des Denkens und Dichtens von Albrecht Goes
verweisen – aber was sage ich: Es geht Goes im Dichten und
Denken um mehr, es geht ihm um die Existenz, und das heißt
um deren eigentliche »Quellen«, und das wiederum heißt:
um die eigene Existenz und die des Nächsten, und es geht
um das, ohne das Ruf und Echo gegenstandslos wären, ohne
das keine Brücke vom Menschen zum Menschen geschlagen
werden könnte, um das Wort also, und das Wort, es gehört
nun seinerseits wieder, als das göttliche, zu den nie versie-
genden Quellen. Allerdings ist Goes dann doch so sehr der
Dichter (und Denker), daß es (wie wir sahen) das Werk
Goethes und Hölderlins, Mörikes und Hesses, Bubers und
Thomas Manns, Burckhardts und Max Picards und ... und
... ist, das ihn in seinen Bemühungen und Betrachtungen
bestimmt – und dann natürlich auch, die Mosaiken von Ravenna, die bildende Kunst und vor allem, immer wieder
Mozart und Bach, die Musik.

Es gibt eine Betrachtung des Dichters über die Genesis –
sie steht füglich am Anfang jenes Sammelbands, ach, was

schreibe ich, jenes Bekenntnisbandes, der zuerst 1963, auf der Höhe des Schaffens von Albrecht Goes, erschien: »Aber im Winde das Wort«. In dieser Betrachtung haben wir im Grunde den Mittelpunkt des Kreises – dort sind (um ein anderes Bild zu gebrauchen) wie in einer Fuge die Themen von Werk und Leben des schwäbischen Dichters in Bezug gebracht.

Ehrfurcht ist, von Goethe und Schweitzer her, das erste, das führende Thema, Vertrauen tritt begleitend hinzu, zu beiden wird die Einsamkeit gesetzt, das Schweigen, die Fermate also.

Ehrfurcht – auch an anderer Stelle, etwa in dem Essay über das Schweigen, hat Goes die Ehrfurcht in dem Sinne aufgenommen, wie sie Goethe in der »pädagogischen Provinz« verstanden hatte, als Ehrfurcht vor dem, was über uns, was unter uns und was uns gleich ist. »Im besonderen aber ist das Schweigen der Ehrfurcht«, so nun Goes in biblischer Perspektive, »das Schweigen dem Metaphysischen gegenüber, das Schweigen vor Gott« (MM 108).

Ehrfurcht fordert der Dichter nun aber gerade auch dort, wo die Distanz recht eigentlich zu dominieren scheint (». . . die Probleme der Menschen untereinander . . . sind . . . zu einem guten Teil Distanzprobleme«). »Ehrfurcht im menschlichen Bereich: das hieße«, so liest man in der Betrachtung über den »Einzelnen«, »Menschenrecht und Menschenwürde darin zu achten, daß man den anderen anders sein läßt. Daß man ihn nicht zum Mittel herabwürdigt, zum Sprungbrett, zur Stufe, zum Gegenstand« (Qu 76).

Ehrfurcht verbindet sich bei dem Betrachter überdies mit Phantasie des Herzens, und sie wird begleitet von Milde, und es ist dies ein Thema, das heute wohl nicht allzu häufig angeschlagen wird, nicht einmal als Nebenthema. »Milde, das ist eine Sache, die man so wenig mitbringt wie etwa die Ehrfurcht . . . Sie will wachsen, will sich entfalten. Sie will Pflege, will Erfahrungs- und Reifezeit« (MM 190). Milde und Lindigkeit oder Geduld oder Gelassenheit – andere

Namen auch für Ehrfurcht, Spiegelungen der Ehrfurcht. So müsse man (zumal in Hinsicht auf die Ehe) »den anderen in seiner Einsamkeit und in der Gemeinsamkeit nur immer von neuem grüßen, besuchen und – lassen . . .« (MM 192). Übrigens ist Goes nicht »weltfremd«: Milde soll nicht zudecken, verdecken, übertünchen. Gewiß, Härte schließt sie aus (». . . und die Schreckensdevise ›Harte Zeit – harte Herzen‹, die soll uns wohl in den Ohren gellen, wir sollen uns erinnern in Schrecken und Scham«). »Die Strenge dagegen, die ist der Milde verschwistert; sie ist es, welche die Milde davor bewahrt, in bläßliche Gutmütigkeit und . . . Schlamperei auszuarten« (MM 190). Strenge als Umkehrung der Milde . . .

Ehrfurcht als dux, Vertrauen als comes: Vertrauen wiederum in vielfältiger Gestalt und, wie die Ehrfurcht, neuerlich von Begleitern eigener Art »augmentiert«.

Da ist zunächst das Vertrauen zu den Möglichkeiten. »Was wird morgen sein?« – so ist die bewegende Geschichte über den Pianisten überschrieben, dem im zweiten Weltkrieg die Hand abgenommen werden muß und der, im »Vertrauen in die Möglichkeiten«, mit dem Komponieren begonnen hat. »›Ich komponiere schon‹, hatte er gesagt. Was sollten wir da große Reden halten? Er wurde in ein Heimatlazarett verlegt und kam mir aus den Augen. Nicht aus dem Gedächtnis. Ich habe von ihm gelernt. Gelernt, was das ist: Vertrauen in die Möglichkeiten. In die Einsicht, daß die Klaviatur des Lebens nicht nur eine Oktave umspannt . . .« (WW 360)

In den Beziehungen der »Menschen untereinander« (als gegebene Familien, gewählte Freunde, gegebene und gewählte Nachbarn) können in der Sicht eines gläubigen Realismus immer von neuem Brücken geschlagen werden – eine andere Variation dieser Oktave auf der Klaviatur des Lebens: »Und dieses, was sein könnte, wird in unser Blickfeld als in das Blickfeld des Vertrauens nicht anders eintreten als unter dem zuversichtlichen Vorzeichen: es wird sein« (MM 133).

Vertrauen in die eigenen und zuletzt doch nicht völlig eigenen Möglichkeiten – es ist dies begleitet vom »Vertrauen zum Fremden«, beide Male verbunden mit der Überwindung von »Vorurteilen«, die im einen Falle (hinsichtlich der eigenen Möglichkeiten) in die Resignation, die im anderen Falle in den »Stand der Verstockung« führen, also dorthin, wo »wir den Andern nicht mehr erreichen«. »Wir wollen uns nicht mißverstehen: Vertrauen zum Fremden ist schwer: es ist, wie alles Vertrauen im Grund, ein Dennoch-Vertrauen; es ist immer etwas vom Seil, das über Abgründen gespannt ist. Man wird es täglich neu buchstabieren müssen, das Wort: ›Ich will lieber mein Vertrauen vergeblich verschenken als im Mißtrauen ersticken; ich will es tun, um meinetwillen und dem »Heiligen Geist des Lebens« zulieb.‹ *Alle* Schritte sind nicht möglich, ich weiß« (WW 88).

Es ist daher – Cantus firmus in Haupt- wie Nebensätzen bei Goes – das Gespräch, das die Pfeiler der Brücken von Mensch zu Mensch bereitstellt. Nachsatz von 1951 zum Essay über das Gespräch von 1937 (selten genug, daß der Dichter solche chronologische Anmerkungen macht): »Vertrauen, einmal gegebenes, ist nicht leicht zu widerrufen. Das gilt auch für das Vertrauen in eine Sache. So werde ich nicht aufhören, daran zu glauben, daß dem wahren Gespräch ein Wirkungsbereich zu eigen bleibt, der anderen, jedoch nicht geringeren Ranges ist als der, den die Tat oder das Schweigen, den die Musik oder die Gebärde für sich beanspruchen mögen« (MM 32).

Vertrauen in die Möglichkeiten, zum Fremden, in eine Sache: »Es ist das Vertrauen, das sich nicht vorenthält«, so liest man in einer Rede über Buber (Bubers Schlüsselwort aufgreifend), »das . . . Ziegel sein will, nicht Eisenblech«. »Wohl deckt auch das Eisenblech Häuser, aber Besseres geschieht, wenn das Herz des Mannes . . . (insonderheit desjenigen, der über die Gemeinde wacht. G. W.) dem Ziegel gleicht; ›von all ihrem Leid erschüttert . . . und doch ausharrend‹. Und dieses Vertrauen schließt ein die Bereitschaft, mit dem anderen traurig zu sein und lange zu schweigen, weil uns die Einsicht eint, daß es schwer ist, den anderen wirklich zu lieben . . .« (RE 164)

Wort und Gespräch, Schweigen und Fermaten sind denn ja auch Hauptthemen im Werke des Albrecht Goes, und was er in einem Essay über einen suchenden Menschen geschrieben hat, ist füglich zutreffend für ihn: Der Fugenton und die Pause (da haben wir übrigens die Fuge!), das Reden und das Schweigen seien in gleicher Weise gültig für ihn: »Beide weisen auf das letzte Ja der Seele, das ein Ja ist zum Empfangen und Abschiednehmen . . .« (MM 111)

So auch ist Brückenschlagen (mit dem Wort, im Gespräch, im Urteil, gegen das Vorurteil) ein Hauptthema bei Albrecht Goes, die »herbe Einsamkeit« (das Schweigen, die Pause, das Zögern, die Scheu) ein anderes. Der Bezug der »herben Einsamkeit« zum »Schweigen der Natur« ist in der Betrachtung über das Genesis-Buch ebenso gegenwärtig wie in dem großen Essay über das Schweigen, in dem gleichsam alle Variationen des Schweigens durchgeprobt werden – das Schweigen in der Natur und in der Kunst, die Fermate in der Sinfonie etwa, das Schweigen der Güte und das der Selbstbeherrschung, aber auch das des Cholerikers (»Reden nach innen . . ., mißglückte oder doch erstickte Revolution«) und das des Phlegmatikers (das also »des Zuschauers, des Träumer-Trödlers, das tiefsinnig heißen könnte und doch vielleicht nur stumpfsinnig heißen darf«), schließlich das der Religion: »Rede, Herr, dein Knecht hört!« (MM 91 ff.)

Die Erwägungen über den Brückenbau von Mensch zu Mensch, über Einsamkeit, Schweigen und Gespräch münden denn in die schon zitierten Bemerkungen über die Ehrfurcht.

Damit sind wir zum erstenmal wieder am Ausgangspunkt angelangt. Wir hatten aus dem Genesis-Aufsatz die Begriffe aufgenommen, die der Dichter in der Einführung gebraucht hatte – sie noch nicht direkt aufs Buch Genesis bezogen, sie einem »Weg unter großen, alten Bäumen« abgelauscht. Für den Dichter gleicht er dem durch das Buch Genesis, weil der »dir – *dies zuerst und zuletzt und für immer* – den Begriff der Größe geben wird, und einem, den einmal reine Größe angerührt hat, ist es nicht mehr möglich, das Geputzte schön zu heißen, das Bequeme gut und das Nurebenkluge für wesentlich zu halten« (WW 7 f. Hervorhebung G. W.).

Freilich wehrt der Dichter – der Betrachter oder der Seher sollte man hier vielleicht sagen – die mögliche Überlegung sofort ab, nach dem Gang unter alten Bäumen heute die Frage nach »Terebinthe, Feigenbaum, Ölbaum und Palme« in den alten Zeiten zu stellen – »aber nein: es verlangt uns, die Genesis lesend, nicht nach Einzelkenntnissen über jene ferne Landschaft«. Obwohl es, und diese Fermate deutet der Betrachter denn doch an, nicht ganz leicht sei, der Versuchung solcher Fragen nicht nachzugeben, angesichts der »Kindheitserfahrungen, die uns seltsamerweise im Wege stehen«:

»Adam und Eva, die Geschichte vom Turmbau zu Babel, Josephs bunten Rock – das kennen wir wohl, wie wir die Märchen der Brüder Grimm kennen, und anders noch: in jener Mixtur aus Fabel, Traktat und Nutzanwendung, Religionskunde und Wissenschaft. So drang es zuerst in unser Bewußtsein, so mag es noch heute dort leben: deutlich wohl, doch ohne die Erkenntnis des angemessenen Maßes. Die Genesis ist kein Kinderbuch« (WW 8).

Daher, so die merk- und denkwürdige Überlegung des Betrachters, müßte der Genesis-Leser einer sein, »der – in wachsamer Beschränkung – nicht gar zu vieles liest und dem es für lange Zeit genug war, den Begriff des Menschlich-Höchsten sich durch die Betrachtung einiger weniger Gestalten – sei's der geschehenen, sei's der geformten Geschichte – zu bilden«. Und der Genesis-Leser sollte wohl einer sein, der erkennt, daß diese »Urkunde« eine sei, die »gleichzeitig«

ist »mit aller Zeit« und »nah jeder Ferne«. ». . . alle Sternen-nacht heißt, wenn die Stunde es will, Nacht über Hebron, und an jedem Brunnen wartet Rebekka« (WW 7,8).

Zeit und Ort – sie geraten also zur Urzeit und zum Urort, die Bilder zu Urbildern. Diese Urkunde weist zu den Ur-sprüngen, den Urworten, den Urelementen. Eine Dimension des Mythischen und dann doch wieder des ganz Menschli-chen tut sich hier auf. Die Urzeit ist, buchstäblich, präsent, und sie springt plötzlich und unausweichlich in die Zeit. Die Nacht über Hebron – vielleicht ist es dann doch (das Bild sprengend) ». . . Deutschland in der Nacht . . .«.

Es geht dem Betrachter, dem Seher, also um einen Be-griff, besser: um ein Bild von Zeit. Daher auch ist es ja das Genesis-Buch, das ihm auffällt – »elf Kapitel Urgeschichte und jene neununddreißig Kapitel, die dann folgen, die die Stammesgeschichte der Patriarchen, der Erzväter Israels, er-zählen . . .« Es geht um die »Urbilder von Erschaffung und Fluch, Brudermord, Sintflut und Errettung; vom zweiten Menschheitsbeginn unter Noah, von der Zusammenrottung der geretteten Welt und von ihrer Zerstreuung in Völker und Sprachen. Dann, mit dem Abraham angehenden ›Gehe!‹ be-ginnt: die Geschichte . . .« (WW 10 f.) Ein großartiges Bild, Urbild der Urzeiten, das da der Betrachter aufstellt, zugleich übrigens auch als Mahnbild und Warnbild im Sinne Bobrow-skis, denn der Betrachter führt den Blick von den Urzeiten zu jenem, der da (im Johannes-Evangelium) sagte: »Ehe denn Abraham war, war ich«, und zu uns, die wir von Abra-ham lesen und jenem anderen nachzufolgen suchen.

In einer anderen Arbeit von Albrecht Goes, in einer seiner schönsten Betrachtungen, der über das »Zögern« (WW 350 ff.), die thematisch sowohl zu der über das Schweigen wie zu der über das Erstaunen gehört, hat er wiederum den Blick auf die Urgeschichte, den biblischen Bericht der Gene-sis gerichtet, darauf, daß in jenem »Paradiesaugenblick«, »in der Stunde der ersten Versuchung« also, »das Weib zögerte

und dann von seinem Zögern abließ«. Analoges werde von
Kain berichtet – »und dies sind die ersten Glieder in der
Kette der Schuld des Menschengeschlechts, der Schuld: nicht
gezögert zu haben, wo Zögerns Stunde war . . .« Es sei die
»Felswand der Ewigkeit«, wo sich »die Wahrheit über das
Zögern in reiner Gestalt« erweise.

Der Betrachter also kultiviert nicht einen Mythos, der von
Urgeschichte bis Felswand der Ewigkeit reicht und Entschei-
dungsräume – wie von den Steinen des Sisyphus getroffen –
zerstört. Es geschieht gerade im Zögern, daß nicht nur der
Maschinenübermacht, sondern auch der Übermächtigkeit des
Mythos »das Kardiogramm des Menschen« entgegengestellt
wird, »die Würde der Person«, und zwischen den Präforma-
tionen der Urzeit und der Felswand der Ewigkeit entdeckt
der Betrachter den »Gang der Schöpfung«, den »Schritt der
Zeit«, das »eigene kreatürliche Leben«, den »Bereich der geistigen Verantwortung und der sittlichen Entscheidung«. Und
wenn der Betrachter an solcher entscheidenden Stelle von
Würde spricht, dann sollte aus jenem kleinen Aufsatz, in dem
diese thematisiert ist, zitiert werden: »Sagt aber einer: es ist
unter meiner Würde, mir die Zoten einer hemmungslos gewordenen Abendgesellschaft anzuhören, so ist jene wirkliche
Würde gemeint, die mit dem wahren Selbstbewußtsein des
Menschen zu tun hat, mit der Erinnerung an seine Herkunft,
an Adams Beseelung also, an den Ur-Augenblick, der auf
dem Deckengemälde Michelangelos dauert, solange die Welt
sich nicht selbst verbrennt« (IW 80 f.). Und: »Würde: sie lebt,
wo immer ein Mensch an die Mühe denkt, die sich Gott mit
uns gemacht hat« (IW 81).

Ur-Augenblick: Goes spricht von ihm, und er spricht von
Urelementen (Familie, Freund, Nächster), vom »Urlauf des
schutzlosen Lebens aller Erde«, von den »Urworten« des
Credo – alle diese vom Betrachter, vom Seher als ursprünglich angesehenen Motive entbehren jener mythischen Dimension, und sie verweisen mit Nachdruck über die Genesis hin-

aus auf die neutestamentliche Perspektive und (auch damit) auf die Relevanz menschlicher Verantwortung.

Der Aufsatz, in dem von den »Urworten« (diesmal nicht orphisch) die Rede ist, trägt denn auch den Titel: »Auf der Suche nach einem Bestimmungsort«, und in diesem kleinen Aufsatz sind alle diese Themen und Motive, die führenden und begleitenden, in vielfältiger Gestalt (sozusagen als »Quadrupel-Fuge«) zur Wirkung gebracht.

Die Urworte des Credo verbinden sich dort mit dem Glauben, »daß der Mensch, dieser schwierige, widerspruchsvolle Mensch, der soviel zerstört hat und täglich weiter zerstört, dennoch mit dem göttlichen Ebenbild zu tun hat«. Darum auch hätten ihn »seine Wege zurück« zu beschäftigen, alle Geflechte vom Anfang her, und daher sei die Losung: »Blick nicht zurück!« ebenso falsch wie die andere: »Blick zurück im Zorn!« »Mitten in der Gegenwart« sei so etwas wie eine winzige, wunderbare Möglichkeit (Vertrauen in die Möglichkeit) gegeben, »daß im Aufschlagen eines Augenlids, im Kuß der Liebe, im Klang der Stimme, die ehrfürchtig eine vollkommene Dichterzeile wiederholt, die Welt sich verändern kann« (WW 362 f.).

Die Welt lebe von Geduld, Versöhnung, vom mutigen Vertrauen, die »mühsame Arbeit . . ., quadratzentimeterweise den Boden des Vertrauens zu bebauen, bleibt keinem erspart, und hier hängt alles mit allem zusammen, der kleinste Bereich mit dem größten Bereich«. Von hier aus habe der Mensch eine Zukunft. Von hier aus: »Wer glaubt, flieht nicht aus seiner Mitverantwortung an den Entscheidungen des Tages, aus der Mitsorge um den Frieden der Welt. Was mich angeht, so will ich lieber mit den Verständigungswilligen je und je ›das Gesicht verlieren‹ als in der gepanzerten Sicherheit ersticken; lieber will ich mich einmal und mehr als einmal enttäuschen lassen, als daß ich mutwillig eine Türe zuschlage, die – Christus nicht zugeschlagen hat« (WW 363).

Hier findet jener Sprung aus den »Urzeiten« in die Zeit –

Zeit als *historische* und als *ethische* Kategorie – statt. Doch ehe wir auf ihn zu sprechen kommen – in der Art, wie ihn der Betrachter wagt, im »Ur-Gegen« und im »Ur-Für«, muß der Blick in die Betrachtung über das Genesis-Buch kontrapunktisch zurückgelenkt werden.

Da scheint es denn doch zunächst so zu sein, daß der Seher Urbilder aufstellt. Jenem Leser, den er sich wünschte, begegnete beim Lesen des Genesis-Buches dies:

»Kain, der Mörder, wie er vom Leichnam seines Bruders weggetrieben wird, jenes dunkle Zeichen auf der Stirn, daß niemand sich an ihm vergreife –

ein alter Mann, der nicht den Tod fürchtet, aber das große Umsonst über seinem Leben: nun muß er in die Sternennacht hinaustreten, und eine Stimme sagt ihm: ›Siehe gen Himmel und zähle die Sterne; kannst du sie zählen? Also soll dein Same werden‹ –

eine Magd in der Wüste, die einen Segen empfängt für das Kind in ihrem Schoß, einen Segen freilich, daß einem das Blut darüber stocken könnte: ›seine Hand wider jedermann, und jedermanns Hand wider ihn‹ – sie aber erwidert in einer Demut, für die es kein Beiwort gibt, erglühenden Angesichts: ›Du, Gott, siehest mich‹ –

und dies: wie einer seinem alten Vater den Segen abgelistet hat, der dem anderen Bruder gehört nach den Ordnungen, ihm aber kraft der Verheißung; es ist ein erschlichener Segen, ein teuer erkaufter denn auch, und ist der Segen doch, der wahre, der unteilbare –

und: wie Brüder da sind, die Böses getan haben an einem unter ihnen, und eben dieser eine steigt nun zu hoher Würde auf, und sie fürchten sich, und fürchten sich nicht ohne Grund, er würde nur eben den Tod des alten Vaters abwarten und dann seine Rache nehmen; er aber sagt: ›Fürchtet euch nicht, denn ich bin unter Gott‹, nur eben dies: ›unter Gott‹ . . .« (WW 9)

Diese »Urbilder von Anbeginn« versucht der Seher zu würdigen; er sucht nach einem Wort, aber er findet keines, es sei denn dieses eine: »groß«.

Doch freilich: Dieser Seher sieht die Urbilder nicht in mythischer Starrheit, er sieht sie vielmehr, um ein Wort von ihm aus ganz anderem Zusammenhang zu zitieren, im »Zauber der Verwandlung« (RE 64), und er kann, wiederum ein begleitendes Zitat, eine von ihnen ausgehende »Kraft des Unmittelbaren« (RE 5) feststellen, dann nämlich, wenn »hochaufgerichtet über allem Menschenweg« »die Vollmacht der göttlichen Freiheit« wirklich wird. Die Urbilder verwandeln sich in das Menschenbild, das davon bestimmt wird, wie »der Ewige die Welteinsamkeit durchbricht und das Du, das Ebenbild, schafft«. Im Nein und im Ja Gottes wird es zum Ereignis, im Nein zu Sodom etwa, aber hoch über allem Nein steht für diesen Seher das Ja Gottes: »Alle Lebensnot und alle Angst, Verwirrung, Unruhe und Wanderschaft, ja alle Bosheit und auch die Sünden – ›etiam peccata‹ – sollen dies nicht aufhalten können, daß Israel dem heiligen Gedanken des Sinai entgegengeht, dem großen Gottkönigtum des ›Ihr sollt mein Volk sein, so will ich euer Gott sein‹« (WW 11).

Diesem Ja Gottes, das endgültig den Urbildern den Sisyphus-Charakter nimmt (wir erinnern uns, wie der Existentialismus eines Camus diesen Mythos beschworen und ihm womöglich in der »Pest« metaphorische Gestalt gegeben hat), antwortet das »Ur-Für« des Menschen, der (zum Beispiel) nicht mehr bereit ist »zu dem düsteren Dienst, Mauern des Mißtrauens höher aufzuschichten«, der sich im Gegenteil bemüht, »den Fremden, den Wesensfremden zu verstehen als *den Anderen*« (WW 86 f.).

Die Urbilder in ihrer Verwandlung entdeckt der Seher auch in ihrer künstlerischen Spiegelung – in (wo sonst?) Ravenna, für ihn »Ort einer unverstörten Einheit, der Einheit des Glaubens« (RE 102). In Ravenna begegnet er Abel, Melchisedek und Abraham, »und hier – ganz Glieder in dieser

Kette – erscheinen Kaiser und Kaiserin . . .« (WW 287). Und er bekennt: ». . . in einem großen, glühenden Zugleich stürzten Geschichte und Gegenwart, Wahrnehmung, Erinnerung und Ahnung auf mich ein« – es sind die Mosaiken, die jene »Verzauberung« bewirken, jenen »Geist der Verwandlung«, und letztlich ist es die »Wirklichkeit des Heiligen Geistes«, »das Geheimnis, welches die Welt erhält« (RE 103 ff.).

Das Nein und das Ja Gottes, das Ur-Gegen und das Ur-Für des Menschen, die Wirklichkeit des Heiligen Geistes im Zugleich von Geschichte und Gegenwart: Jetzt geht es um die Zeit des Betrachters, in jener doppelten Bedeutung, die dieser Genitiv hat, die Zeit, *in* der er lebt und schaut, und die Zeit, *wie* er sie schaut. Nur der, der Albrecht Goes wenig und womöglich oberflächlich gelesen hat, wird überrascht sein, wenn er mitten in essayistischer Bemühung um ein dichterisches Werk, in einer exegetischen Untersuchung, in einer (sagen wir es einmal so) religiösen Betrachtung eine politische Ortsbestimmung findet – wie ein Blitz scheint sie, aus der Horizontale der Zeit, in die Vertikale des betrachteten Gegenstands zu schlagen. So auch werden wir in des Sehers Erwägungen über das Genesis-Buch – gerade dort, wo vom Segen die Rede ist, davon: »Ich will dich segnen, und du sollst ein Segen sein« (WW 11) – mit einer politischen Ortsbestimmung konfrontiert oder eigentlich sogar mit zwei.

Albrecht Goes bezieht nämlich dieses Wort auf das »unerschöpfliche und unauslöschliche Geschenk des Ewigen«, nicht aber auf die nationalen Triumphe, und so blickt er »von Abraham bis zu Salomo in seinem Glanz, und weiter zu Jeremia, zur babylonischen Gefangenschaft«, denkt an Judas Makkabäus und (»die dürren Tage der Synagoge« etwa zur Zeit des Kaiphas überblickend) an den »erneuerten Ursprung« in der Geschichte der Chassidim, um dann beschämt vor dem »Wander- und Leidvolk« im Ghetto von Warschau und in den Todeslagern von Auschwitz und Maidanek zu stehen und schließlich für »Erez Israel« die Erinnerung zu beschwören, um des Segens willen Abrahams Kinder zu bleiben.

Die eine politische Ortsbestimmung ist klar – sie schneidet ins Herz: Warschau, Auschwitz, Maidanek. Die andere ist verhaltener und fällt schweren Herzens, die der Grenzziehung gegenüber nationalem Triumph, die der Erinnerung an die Anfänge im Zeichen jenes Segens ...

Einbrüche in die Zeit – es sind alles andere denn »Engführungen« oder Diminutionen im Fugenwerk des Dichters:

»... hier bei Ravenna standen sich im Winter 1944/45 monatelang die feindlichen Armeen gegenüber; in einem Augenblick, in dem längst die Entscheidung auf anderen Kriegsschauplätzen gefallen war, begegneten sich hier die Heere – wie Gespensterheere; und noch nachträglich schaudert es uns bei dem Gedanken, daß ein Luftangriff von wenigen Minuten genügt hätte, um den kostbarsten Zentralbau des Abendlandes, um San Vitale in Ravenna zu vernichten« (WW 282).

»Das Urteil ist gebildet; das Vorurteil ist halbgebildet; und wenn wir das so aussprechen, fällt uns sogleich all das Unheil ein, das uns die verstörende Macht der Halbbildung beschert hat. Wir denken an den politischen Bereich, weil er – von außen nach innen wirkend – unser Welt- und Lebensgefühl so mitbestimmt hat. Also, der Reihe nach – an die hektischen, undurchdachten Marginalien Wilhelms des Zweiten, die, weil sie von einem Kaiser stammten, Bedeutung gewinnen konnten; an die mancherlei Einzelkenntnisse, mit denen der große Zerstörer aufzuwarten und rätselhafterweise manch fähiges Gegenüber zu blenden und zu bestechen wußte; an die ›schrecklichen Vereinfacher‹, die auch jetzt so viele Felder behaupten. Wir haben uns von ihnen führen und verführen lassen, haben öden Gemeinplätzen, bösen Parolen Raum über unser Denken gegeben. ›Polnische Wirtschaft‹ hieß so eine Parole, das ›perfide Albion‹ eine andere. ›Der

Jude‹, ›Die Juden‹, das kam so unter uns auf und fraß sich in unser Bewußtsein, Gerede einer Verallgemeinerung, die es nicht gibt« (WW 83 f.).

».. . wir kamen aus der Ukraine, wir hatten, von ferne nur, aber doch noch nah genug, Schreckliches gehört, Unsägliches. Nächte, im Fleckfieberlazarett durchwachte Nächte, kamen mir in den Sinn. Geständnisse der Hochfiebernden, der Irren. Wie hatte der immer phantasiert, der SS-Polizist, der in den ersten Tagen, da sich seine Krankheit harmlos anließ, immer so verkniffen dreingeschaut hatte, wenn ich den Krankensaal betrat . . .? Dann war das Fieber auch über ihn gekommen, rote Feuerglocke, und er rief in die Krankennacht hinein seine Satzfetzen, mochte einer zusammensetzen, was immer: ›nicht – nicht – bitte nicht schießen – laß doch, ich habe doch immer geholfen –‹ . . . dann wieder: ›ausziehen – nackt – nackte Frauen – hinlegen – Gesicht nach unten –.‹ Eine Vision nur war es in dieser Abendstunde im ungarischen Mai . . . Ein Bild: Hieronymus Bosch« (WW 214).

Goes erhält einen Brief aus Amsterdam – mit der Bitte, dort einen Vortrag zu halten: »Wenn die angenehme Stimme einer Ansagerin aus den Funkhäusern von Köln oder Hamburg durch den Äther auch über den Rhein hinüber mitteilte: ›Sie hören nun das Divertimento in D-Dur von Wolfgang Amadeus Mozart‹ oder: ›Sie hören das Fünfte Brandenburgische Konzert von Johann Sebastian Bach‹, dann erklang für ihn, den Mann in Amsterdam, diese unschuldige Ansage in der Sprache, in der – fünfundzwanzig Jahre zuvor – auf dem Bitternisweg in die Schauburg von Amsterdam und ins Lager Westerbork ganz andere Worte – für ihn mit – gesprochen, nein geschrieen worden waren. Aber dann schwieg diese Stimme aus Deutschland, und Mozart begann, Bach begann, und das Früh- und Immer-Geliebte galt von neuem, und so vermochte er's denn, seinen Briefsatz in dieser unserer Sprache zu schreiben, wiewohl sie einmal die Sprache des Grauens gewesen war« (contessa perdono 7 f.).

»Und Rußland, das Rußland des Lewin aus ›Anna Kare-
nina‹, das grundgeduldige Rußland? Wie: ist es durch die
Erschütterung der letzten sechzig Jahre in einen Zwiespalt
geraten? Verleugnet es sein Gestern, allein noch der schier
unerschöpflichen Kraft seines Heute bewußt, voll Mißtrauen
gegen den unbekannten Gott, der es wagt, die Herrschaft
über den Satellitenhimmel in Händen zu halten? Oder schickt
es sich an, von neuem im Bündnis zu leben mit seinem ganzen Erbgut in der strengen Stille seiner Laboratorien und
seiner Universitäten, erinnerungsreich und zögernd in einem – auf den Lippen freilich noch immer den stolz-grollen-
den Anti-Choral: ›Wacht auf, Verdammte dieser Erde –‹?«
(WW 354)

Wenige Beispiele der politischen Ortsbestimmung, und wir
hatten ja schon jenes Wort um die Mitsorge für den Frieden
der Welt aus dem Text zitiert, der überschrieben ist: »Auf
der Suche nach einem Bestimmungsort« (WW 363).

Bestimmungsort – Ortsbestimmung: Letztlich sind wir wieder bei den Anfängen, in deren Licht die Ortungen vorgenommen werden, bei dem Genesis-Buch, und Goes zitiert
Luther: »›Hier in Mose haben wir die rechte güldene Fund-
grube, daraus genommen ist alles, was im Neuen Testament
von der Gottheit geschrieben ist. Es liegt das Erz noch halb
in der Gruben.‹« Und der Seher von heute gewinnt diesen
ältesten Zeugnissen eine geheime Heiligkeit, eine in der Liebe
gegründete Heiterkeit ab – wiederum »jene verborgene Gegenwart, von der das Wort des Johannesevangeliums spricht:
›Ehe denn Abraham war, war ich‹« (WW 12).

Es ist darauf zu achten, daß Goes an dieser Stelle den Urbildern der Genesis die Funktion der »Urkunde von Israel«
und des »Grundbuchs der Gemeinde Jesu Christi« zumißt, um
dann hinzuzufügen:

Man könne die Genesis aber auch »als Menschheitsur-
kunde schlechthin« lesen – also doch als Mythos? Nein, es ist
sofort wieder der Seher, der die Grenzen zieht: Nicht nach

der Weise, wie man die Stoa zur Kenntnis nehme, könne man die Urbilder betrachten, sondern allein so, »daß die Erkenntnisse über Gut und Böse, über Wagnis und Vertrauen, Wahl und Willensfreiheit allen zugute kommen«, der Widerstreit zwischen Glauben und Wissen werde keinem erspart, dem Frömmsten nicht, auch nicht dem Fernsten. Es ist dies so etwas wie eine tiefe Begründung jener Gemeinsamkeit der humanistischen Kräfte, von der wir heute sprechen und die oft genug auf alttestamentliche Texte sich bezieht (man denke an das sowjetische Denkmal für die UNO mit der symbolischen Gestaltung von Schwertern, die zu Pflugscharen werden). Aber auch dies tritt ins Blickfeld, daß Juden, die Atheisten geworden sind, sich der Ursprünge erinnern und sie (so geschieht es in Seminaren etwa der Jüdischen Gemeinde zu Berlin) neu vergewissern. Es ist genau in solcher Weise, daß das Buch Genesis »in seiner Wirkungsmöglichkeit über alle Ufer tritt, also daß jeder, dem nur irgend das Organ für des Menschen ewige Berufung nicht völlig verkümmert ist, sich in Adam und Abraham gesegnet wissen darf« (WW 13).

Doch dieser Seher wäre nicht Seher, würde er solcher Erwägung nicht sofort diesen Akzent setzen: »Zum Anfang zurückzukehren.« Das heißt denn zum Anfang seiner Betrachtung, aber das heißt vor allem zu den Anfängen, zur »ältesten, ersten« und tiefsten Wahrheit« (Goethe bemüht er als Brücke). Diese Anfänge aber sind mit dem Imperativ des »Gehe!« verbunden – »in schwerer Stunde zu Adam, in verheißungsvoller dann zu Abraham gesprochen«, und es ist die Dialektik des Ja und Nein, die diesem Imperativ zugrunde liegt, als solche »auch der Christenheit nicht unvertraut«. Allerdings ist es nicht der missionarische Akzent, den der Seher hier setzt (und allein dieser Aspekt würde ein ganzes Kapitel der Reflexion des im engeren Sinne theologischen Standorts dieses Dichters und Pfarrers ermöglichen, der schwäbischem Pietismus nahe und Karl Barth, wie wir sehen, nicht ferne steht). Nein, was der Christenheit »nicht unvertraut« ist, das ist der »Stand des Wanderers« – ihm wisse sie sich »zugehörig«, als communio viatorum also (und auch hier ergeben sich bemerkenswerte Ansätze der Bestimmung jüdischen wie hussitischen Erbes bei Goes).

Doch das ist noch nicht des Sehers letztes Wort, des Theologen letzte Distinktion – es folgt denn als das eigentlich alles entscheidende Bekenntnis des gläubigen Realisten: Christen wissen sich dem Stande der Wanderer zugehörig, »nicht, um unterwegs zu sein, sondern um anzukommen« (WW 13). Adventliches Christentum ist es also, um das es Albrecht Goes geht – zwischen Urbildern und Felswand ist dieser Advent sicher einmal historisch zu fixieren, aber er wird in jeder christlichen Existenz, in jedem Unterwegssein von Christen zum je neuen Ereignis. Die Zeit – wir hatten sie als ethische Kategorie kennengelernt – wird, wenn man das Bild so gebrauchen darf, immer neu, auf Advent gestellt, und im Ankommen kommt man zu den Anfängen, und man wird mit der Ewigkeit konfrontiert. Heinrich Böll hat einmal analog hierzu von »Trauer und Sanftmut des Advents« gesprochen, und christliche Existenz als adventistische definiert ...

Es ist in solchem Sinne, daß der Seher gleichsam als Chronist das böse Wort vom In-den-Tag-Hinein-Leben umkehren und als Losung verwenden kann: »Du wirst dein Heute nicht ohne dein Gestern leben können, du wirst *in* deinem Heute *mit* deinem Gestern leben. Aber weil es weitergeht, wird in jedem Tag auch etwas vom Erstaunen sein, als erführst du's zum erstenmal – und in jedem auch etwas wie Anlaß zur Dankbarkeit, wie man im Abschiednehmen dankt, und es ist ja auch Abschied: denn diesen Tag, ja – diesen Tag lebst du zum letztenmal« (IW 158). Und wie so richtig in den Tag hineingelebt wird, so auch wird richtig Verjährung aufgenommen, bezogen auf ein »doppeltes Gedächtnis«, auf eines, das »gedenkt«, auf ein anderes, das »nicht gedenkt« (IW 162). Das ist dann der Cantus firmus: »Er, der Herr, in dessen un-

bestechlichem Gedächtnis unser Soll und unser Haben beisammen wohnen, unser ›Erreicht‹ und unser ›Unerreicht‹, unser ›Geglückt‹ und unser ›Zerstört‹ – durch uns zerstört – er
soll gedenken und vergessen, wie es uns beliebt, er soll –
sagen wir es frei heraus! – parteiisch werden; er soll Partei
nehmen – *für* uns?« (IW 162) Im Angesicht des Todes – »im
Angesicht des Todes leben« (IW 137) ...

So fügt sich denn im erfüllten Augenblick durch die Gnade
der Begegnung und das Wagnis der Versöhnung der Zauber
der Verwandlung. Der Skorbut des Herzens weicht jener
Kraft des Unmittelbaren, die aus den Quellen kommt, die
nicht versiegen. Und ist es auch nur unser »Stückwerk« – es
verweist letztlich auf das Vollkommene.

»Wenn aber kommen wird: die Zuversicht, daß das Stückwerk aufhöre, hängt an dem Glauben, daß dieses Vollkommene nicht – einem asiatischen Götzenbild gleich, starrend in
Gold und Edelstein –, uns gegenüber bleibt, daß es vielmehr
auf uns zugeht in der Zeit, in der Geschichte, im Mantel der
Sorge Gottes, und daß es sich auf solchem Wege trifft mit der
Bitte, die Augustinus über all unsrem Bruchstück gebetet
hat: ›Du aber, o Herr, gibst nicht auf, was du begonnen hast.
So vollende denn, was unvollendet ist in mir.‹ An dem Tor
aber dieser letzten Zwiesprache verstummt unser Wort« (RE
217 f.).

Die Botschaft und
der Bote

Der Kampf um das Wort und das Zeugnis des Wortes stehen im Mittelpunkt der aufgezeichneten und gedruckten Predigten von Albrecht Goes.

Wenn der Prediger Psalm 118,5 auslegt, dann bezeugt er, in der Erinnerung an die erste Begegnung mit diesem Wort sei schon deutlich gewesen, daß es nicht »die Begegnung mit irgend einem Wortgeräusch« gewesen sei, sondern die »mit einem Felsenwort« (K 38). »Felsenworte« – von ihnen geht Goes aus, wenn er feststellt: »Es ist so viel Wort in der Welt, viel Wort auch, das an ewige Dinge rührt, und die Möglichkeit, das Falsche zu sagen und das Falsche zu hören, ist so übermächtig, daß die Frage, die wir uns heute stellen, die Frage ›Auf wen ist Verlaß?‹, unsre ganze Aufmerksamkeit fordern darf« (K 69). Von hier aus nimmt der Prediger (über Jeremia 23,25 bis 29) Stellung gegen die »Schönträumer«, die »Schwarzträumer«, gegen das Vorurteil: »Das Vorurteil ist der ungezogene Stiefbruder des Urteils« (K 69,70).

In einer anderen Predigt über Jeremia (29,4 bis 14) wendet sich Goes gegen die »Beruhigungsworte« der »falschen Künder« – »sie stellten günstige Prognosen – und man glaubte ihnen, weil man das Erfreulich-Scheinende gerne glaubt . . .« (K 74). Und in der Predigt über 1. Könige 19,4 bis 15 grenzt sich Goes vom »Tummelplatz der Redseligkeit« ab: »Das Wort eines erschrockenen Menschen soll Gehör finden, aber wem helfen die uferlosen Reseströme?« (Ha 37,38)

Hält man diese Aussagen des Predigers fest und stellt ihnen andere gegenüber, könnte man bei oberflächlicher Betrachtung Widersprüche feststellen:

Denn Goes, der von den »Felsenworten« des Herrn gesprochen hat, kann auch von der »Unsäglichkeit Gottes« (Ha
38) sprechen, und der Prediger, der vor den Beruhigungswor-
ten und den Redeströmen warnt – er kann davon sprechen,
daß Menschen im »Wort ihre Heimat« finden, »und das Wort
hat Heimat in ihnen« (Ha 9,10).

Aber dieser scheinbare Widerspruch löst sich auf in der
Objektivität des Wortes Gottes: das Wort Gottes, es ist das
Evangelium, es ist das Wort, »das Verheißung in sich birgt«
(Ka 126), und »Gott ist kein Diskussionsgegenstand« (Ha
39).

Zugleich löst sich dieser scheinbare Widerspruch auf in
der Subjektivität dessen, der Zeuge der Objektivität des Wortes Gottes ist: »Der Zeuge ist auf eine solche Weise Person,
daß er sich für sein Wort haftbar machen läßt, die Möglichkeit des Irrtums immer eingeschlossen. Er gibt zu seiner Unterschrift die Adresse hinzu . . .« (K 109)

In der Predigt über Apostelgeschichte 20,32 werden Objektivität und Subjektivität dialektisch aufeinander bezogen:
»Hat man, vielleicht gerade als Schriftvertrauter, vielleicht
auch als Bote der Botschaft diese Worte: Gott, Gottes Wort,
Wort der Gnade zu oft gehört? Ich lasse mich nicht darauf
ein, im Klageton zu sprechen. Das Wort leuchtet. Mir leuchtet dieses Wort. Und ich wollte mit aller Auslegung nichts
anderes als dies: daß es euch auch leuchte« (K 113).

Das Wort leuchtet. Mir leuchtet dieses Wort. Es möchte
euch leuchten. Objektivität der Botschaft. Subjektivität des
Boten. Weitergabe der Botschaft.

Dies ist, wenn ich es recht sehe, wenn ich »redselig« die
»Unsäglichkeit« Gottes aus den Worten dessen, der sich als
Bote versteht, zu »übersetzen« versuche, das, was im Zentrum
der Art der Verkündigung dieses Predigers steht.

Es sei nicht erlaubt, die Theologie an die Psychologie, an
die Philosophie, an die Soziologie zu verkaufen, hat Goes
betont. »Ich will sagen: das Wort, auf das wir zu hören ha-

ben, finden wir nicht in uns vor. Es ist das Wort der Geschichte Gottes, die uns – in eben diesem Wort und Zeugnis der Schrift – frei zugesagt werden muß. Wort einer Geschichte, die sich nicht in uns, in unserem Glauben, zum Leben erweckt, die vielmehr zum Leben erweckt *ist,* auch ohne uns. Sie bedarf unser nicht; aber wir bedürfen ihrer« (K 71).

Hier ist die Objektivität des Wortes Gottes noch einmal kräftig herausgestellt, und der Bote Gottes macht deutlich, daß der Subjektivität des Boten und der der Adressaten Grenzen gezogen sind, vom Gehorsam.

»Ein sehender Mensch, ein gehorsamer Mensch. ›Sehen und Hören‹, diese Reihenfolge hat sich in unsren Sprachgebrauch eingeführt. Die Bibel kennt die umgekehrte Reihenfolge und versteht sie als eine geheime Rangordnung. Sie meint, daß der Gehorsam vor der Klarsicht rangiert. Es war zu erfahren, daß der Klarsichtige Steine gibt, in all seiner Klarsicht; der Gehorsame – in allem Ungeschick aber noch immer Brot« (K 71).

In »Marginalien als Nachwort«, die er zweien seiner drei Predigtbände beigegeben hat, hat sich Goes an eine Begegnung mit Leonhard Ragaz 1930 in Zürich und daran erinnert, was Ragaz dem jungen württembergischen Vikar sagte:

»Sie haben – vier Jahre lang – gelernt, woher das Wort, das Sie weitergeben sollen, *Ihr* Wort nun also, kommt. Sie müssen jetzt – ein Leben lang – lernen, wohin es geht« (K 162).

Hier haben wir sie wieder: die Objektivität des Wortes, die Subjektivität »Ihres Wortes«, die Verantwortung – im Gehorsam – gegenüber den Adressaten, den lebenslangen Gehorsam.

Verantwortung und Gehorsam – Goes macht in den Marginalien deutlich, daß die Frage danach, wohin das Wort geht, oft genug mit Paul Gerhardt so beantwortet werden mußte: »Ich weiß nunmehr durch Gottes Gnade und habe es genugsam erfahren, was vor Angst oftmals nur allein die große schwere Arbeit demjenigen Prediger mache, der sein Amt treulich meinet« (K 163).

Für den Prediger Goes ergab sich, als »die große schwere Arbeit«, in der Auslegung des Wortes »den ganzen Zusammenklang der Schrift mitzuhören, alle Obertöne und Untertöne« – »sogleich aber stellte sich daneben eine zweite Aufgabe: es galt, diesen Text, Wort für Wort, so zu lesen, als wäre er für sich allein auf der Welt; jedes einzelne Wort aber trug sein eigenes Schneckenhaus, nein: sein eigenes Schwer- und Leichtgewicht auf dem Rücken . . .« (K 164)

Die Objektivität des Wortes Gottes – sie ist für Goes »in jedem einzelnen Wort«. Und wie das Wort Gottes auf alle zielt, so zielt es für ihn auf den einzelnen Menschen. In der Frage nach der Verwendung stilistischer und sprachlicher Mittel kommt Goes auf die Möglichkeit der »Schockwirkung« einer Predigt zu sprechen: »Vielleicht, so mußte ich mir sagen, sind neunundneunzig Hörer bereit, eine solche Eskapade (oder was es nun sei) ergötzlich zu finden; ein hundertster Hörer aber ist ein zu Tode erschrockener Mensch, der an diesem Tag – und vielleicht nur an diesem einen Tag – unter dieser Kanzel sitzt, und er würde durch diesen Ausritt ›geärgert‹ . . . ihn, diesen einen Hörer, durfte ich nicht vergessen. Kein Verstörer also wünschte ich zu werden; und ebenso fürchtete ich mich vor allem, was nach Schönrederei aussehen könnte« (K 165).

Der Kampf um das Wort und das Zeugnis des Wortes – in der Predigt über Apostelgeschichte 20,32, die uns die Objektivität von Gottes Wort und die Subjektivität des Boten, des Zeugen vermittelte, hat Goes daran erinnert, daß sein Vater, »Diener am Wort Gottes, in fünfzig Dienstjahren, in achtzig Lebensjahren, die Übung nicht vergessen hatte, mit dem biblischen Wort sparsam umzugehen. Es blieb, wo immer es ausgesprochen wurde, das kostbare Wort, die Goldmünze« (K 113).

Sparsamer Umgang mit dem Wort Gottes, immerwährendes Hören auf das Wort Gottes sind charakteristisch für den treulichen Boten, und es ist gerade dieser Text (»Und nun befehle ich euch Gott und dem Wort seiner Gnade«), an dessen Ambivalenz (ich befehle euch im Sinne von: ich befehle dir und ich befehle dich ...) das »Bild des Priesters«, das Profil des Zeugen erhellt werden kann: »... wie fragwürdig auch der Bote des Evangeliums als Person sein mag, etwas von diesem Königspriesterglanz gehört zu ihm. ›Ich befehle dir‹: der Bote soll wissen, daß das Wort, das er in der Vollmacht des ihm anvertrauten Amtes ausspricht, ein Wort eigenen Ranges ist. Es ist nicht unfehlbares Wort; aber es ist Gotteswort, im Menschenwort verborgen: in solcher Verantwortung wird es ausgesprochen, und in solchem Ernst will es aufgenommen sein. Und: ›Ich befehle dich‹: er hat die Lossprechung Gottes weiterzugeben« (K 114, 115). Es ist sehr aufschlußreich für Gehorsam und Klarsicht dieses Predigers, daß er in die Beschreibung dieses Bildes vom Priester sogleich auch die Warnung vor dem »Irrwort fremder Boten«, vor allem aber vor dem »aus eigenen Reihen« (K 115) aufnimmt.

Gegen das »Irrwort«, in der Stärkung des Gotteswortes im Menschenwort ist uns das, sind wir »dem Wort seiner Gnade« befohlen: »... die Botschaft richtet beide aus, das Ja und das Nein, den Zorn und die Gnade, aber sie läßt – o Wunder – die Waage nicht im Gleichgewicht, sie bleibt nicht bei dem schweren Unentschieden, bei dem unser Blick auf Menschendinge und Weltgewalten so oft bleiben zu müssen vermeint. ›Der Zorn währt einen Augenblick und lebenslang seine Gnade‹, so hat es Israel in seinem Psalter geglaubt, und so glaubt es mit einer anderen Zuversicht noch der Zeuge Jesu Christi« (K 116, 117).

Das Wort von der Gnade verkündigt der Prediger nicht ohne »das Wort vom Kreuz«. »Hier müssen wir gleich innehalten. Das Wort: das ist – so will es scheinen – die austauschbarste Sache von der Welt, die geringste Münze, das Leichtgewicht schlechthin, das Ding, das uns schnell von den Lippen kommt. Das Kreuz: das ist ein unvertauschbares Gerät, ein definitives Ding, das Schwergewicht der Schande. Und doch heißt es im Wort des Apostels und soll so heißen: Das Wort vom Kreuz. Es will ausgesprochen werden: du kannst und du sollst nicht mit diesem Kreuz handelseinig werden. Es ist nicht gutgetan, daß du dirs als ein Schmuckstück zulegst und um den Hals hängst, daß du es rasch und gedankenlos als Symbol verstehst für eine Last, die dir auferlegt ist. Mißbrauch genug wird mit ihm getrieben in unsrer Rede und unsrer Zeichensprache ...« (K 124) Das Wort vom Kreuz wiederum verbindet sich mit dem »göttlichen ›UrFür‹«, dem »Auftrag der Ewigen Liebe« (K 103). »Wovon leben wir?« fragt der Bote. Davon, »daß Kains Antwort nicht angenommen worden ist, und daß auch wir Kains Antwort nicht annehmen. Es gibt nur *eine* Weise, Kains Wort anzunehmen: es zu verstehen als die dumpfe, unerlöste Wortgebärde, die selbst auf Antwort wartet. *Wie* aber *hier* zu antworten ist, das wissen wir wohl. ›Soll ich meines Bruders Hüter sein?‹ Mit Bruderstimme geben wir einander die Antwort: Ja, du sollst« (Ha 15).

Das Ja Gottes, das göttliche Ur-Für, die ewige Liebe – wir nehmen diese objektiven Zusagen auf in die Subjektivität unseres Dienstes, in der Brüderlichkeit, als »Knechte« (im biblischen, nicht im sozialen Sinn dieses Wortes). In der Meditation »Der Knecht macht keinen Lärm« hat Goes auf die Frage, auf welche Weise das Göttliche in der Welt »vernehmlich« werde, geantwortet: »So, daß ... die Schwachen ... einen haben, der *für sie* ist, unbedingt für sie. In dem Augenblick, in dem wir das aussprechen, ist ein Weltnein mit ausgesprochen. Ein Weltnein zu all den Möglichkeiten und Versuchen, souverän, herrlich und smart durch diese Welt zu kommen ...« (K 55) In diesem Sinne macht der Knecht keinen Lärm, aber er verzichtet – darüber wird noch zu sprechen sein – nicht auf die Tat!

In diesem Sinne auch plädiert Goes für die »Einübung in

den Dienst, ich sage gleich: in den geringen Dienst«, und er fügt mit Bedacht hinzu: ».. .wir verderben, wenn wir mit dem Wort ›Dienst‹ nicht alle ein neues Bündnis der Freude schließen« (K 47, 48). Und er plädiert ebenfalls für »den Dienst des langen Atems«, und das heißt: »Es ist der Dienst, der – da unsrem Menschentum der Glaube, das Vertrauen befohlen ist – sich an das Wort ›stückweise‹ hält; der vom Juni keine Septemberfrüchte erwartet, vom ›jetzt‹ nicht das, was die Ewige Weisheit ihrem großen ›Hernach‹ vorbehält. Und es ist der Dienst, der – da unsrem Menschentum die Liebe befohlen ist – von dem Kranken, der uns zu schaffen macht (›krank‹ in jedem Sinne verstanden), nicht tausend Schritte erwartet, sondern eben zwei oder drei« (K 153, 154). In solchem Betracht ist dann für Goes Knecht-Sein Frei-Sein, Dienst einer der Namen der Freiheit Gottes (K 41). »›Seine Knechte werden ihm dienen und sehen Sein Angesicht‹. Es ist ein Satz, der mit dem ›Hier‹ und dem ›Dann aber‹ zu tun hat, mit dem ›Jetzt‹ und ›Immer‹. Er umschließt unsere Lebensaufgabe: Seine Knechte werden ihm dienen« (K 156). Die »Einübung in den Dienst« – sie verbindet sich für Goes (und hier, wie an anderer Stelle, tritt direkt oder indirekt Albert Schweitzer in Erscheinung) mit der »Einübung in die Ehrfurcht« (K 16).

Goes hat einen seiner drei Predigtbände mit »Kanzelholz« überschrieben: »Kanzelholz wird ein besonderes Holz dadurch, daß wir dessen eingedenk sind, wer unser Gegenüber ist. Dieses Holz hat zu tun mit dem Holz der Krippe von Bethlehem und dem Holz des Kreuzes von Golgatha. Und das heißt: die Predigt ist gehorsame Rede ... Die Schrift selbst ist es, die an die Predigt delegiert, was ihr gegeben ist, dies: Unruhe zu wirken – und Ruhe zu stiften« (Ka 11).

Unruhe zu wirken – an anderer Stelle hat es Goes so übersetzt: »Lebens- und Glückversicherungen werden im Heiligtum nicht abgeschlossen« (K 148). Ruhe zu stiften: »Die Kraft – das ist die Kraft der Liebe, die im Opfer siegt«

(K 126). »Das gute Werk, das in uns begonnen wurde, ist das Werk, in Kraft und Ohnmacht, in Fülle und Armut an Christi Weg, Leiden und Sieg teilzuhaben . . .« (K 131)

Unruhe zu wirken – dies aber heißt für Goes nicht, Weltuntergangsstimmung zu provozieren: »Ich liebe die kulturpessimistischen Betrachtungen nicht, auch nicht die zivilisationsfeindlichen Lamentationen« (Ha 36). Ruhe zu stiften – dies geschieht nicht in Ausklammerung der Frage nach der Wahrheit. Die Wahrheit aber ist für diesen Prediger die »werdende Wahrheit«, »Wahrheit, in der es Stufen, Entfaltungen, Entschleierungen, ein Weiter-und-Weiter gibt . . .« (K 134). Werdende Wahrheit, verbunden mit werdendem Glauben – so aber baut sich Heimat. »Heimat ist nichts, was man besitzt«, ist kein Bunker (K 135, 136). Wir werden wieder zurückgewiesen auf das Wort als Heimat, als Grund werdenden Glaubens, werdender Wahrheit.

Sollte man – unter Absehung weiterer theologischer Distinktionen, etwa auch des Verhältnisses von Altem und Neuem Bund, das bei Goes keine geringe Rolle spielt – das Unmögliche versuchen, einen Nenner für die Haltung dieses Predigers zu finden, dann wäre es der, den er mit aller Vorsicht selbst nominiert hat: »Wenn schon eine Formel gegeben werden soll«, dann könnte es die eines »gläubigen Realismus« (K 74) sein. Als »Morgensegen des Realisten« wird das Lied angeführt: »All Morgen ist ganz frisch und neu / Des Herren Gnad und große Treu« (K 143).

Es scheint mir nicht zufällig zu sein, daß dieser »Morgensegen des Realisten« in einer Predigt beschworen wird, die die Überschrift trägt: »Mit der Zeit gehen«. Realismus hat mit der Zeit in all ihren Dimensionen zu tun. »Durch die Zeitgenossenschaft des Predigers wird die Predigt gleichzeitig mit jeder Zeit: sie ist da, zuvörderst *nicht*, um das ›Problem des Menschen 1971‹ zu erörtern, sondern um das ›– aber seid getrost‹ Jesu Christi zu sagen, zutreffend zu sagen« (Ka 11, Ostern 1971 geschrieben). Und in der Predigt

»Mit der Zeit gehen«: »Mit der Zeit gehen. Ja. Aber mit welcher Zeit? Gottes Zeit ist die allerbeste Zeit. Bach hat in einer großen ernsten, ›actus tragicus‹ genannten Kantate gerade diesen Eingangssatz fast fröhlich, schwebend und leicht vertont. Er wollte wegweisen von den Verstrickungen unsrer Zeitbegriffe und hindeuten auf eine andere Zeit, genauer: auf die zwei Zeiten, die unser Text als Gottes Zeit uns nennt. Gottes Zeit – das ist das Heute. ›Heute, so ihr Seine Stimme höret‹. Und ist die Ruhe, die, ein großes Arsenal, ›vorhanden ist dem Volke Gottes‹, die Ruhe, hier wohl zu übersetzen: der Sabbat, die Dauer, die Vollendung, der Tag, der ohne Abend ist. Beiden – so sagt unser Text – seid ihr anheimgegeben; beiden – und nicht einem ohne dem anderen« (K 143). Und Goes hat hinzugefügt: »Wer nur ›heute, heute‹ sagen wollte, und wäre es das heftige ›heute‹ der geistlichen Ungeduld, der wird sich plötzlich im hektischen Sog der Balkenüberschriften finden. Und wer nur ›Ewigkeit‹ als Gottes Zeit erkennen wollte, der würde ein Traum- und Träumerevangelium verkündigen – und damit kein Evangelium mehr. Nein, wir empfangen Gottes Zeit als den Augenblick, als das morgendlich-strenge, blitzende Wort, als die Gnade des Augenblicks, die *heute* und *immer* zusammenglaubt.«

Als ich diese Sätze wieder las (ich hatte sie schon in einem Aufsatz zum 65. Geburtstag des Dichters zitiert), wurde ich unmittelbar an Aussagen erinnert, die in der letzten Synodalansprache des Thüringer Landesbischofs D. Dr. Moritz Mitzenheim (STANDPUNKT 8/1976) stehen: »Das gleiche gilt für die Mitverantwortung der Christen für Friede und Gerechtigkeit. Sie wissen, daß ich kein politisches Abstinenzlertum propagiere für die Christen und auch nicht für die Pfarrer. Aber die Kirche soll nicht Politik treiben statt der Verkündigung. Die politische Entscheidung, ja das politische Engagement der Kirche ist Antwort, nicht Ansatz. Weil das Evangelium ihn frei gemacht hat, dient der Christ in dieser Freiheit dem Nächsten auch mit seiner politischen Entscheidung ... Wir Christen wollen uns nicht in eine innere Emigration zurückziehen. Wer den Aufruf des lebendigen Gottes gehört hat, antwortet in seinem Lebenskreis dankbar mit Werken der Barmherzigkeit und des Friedens. Nicht eine vordergründige vielfache Geschäftigkeit anzuregen und zu praktizieren, ist der Auftrag der Kirche. Sie hat zu predigen die Gegenwart und die Zukunft des lebendigen Gottes.«

In der Tat sind nun auch im Kanzelholz des Predigers Goes kräftige Züge der Reaktion auf das Heute, des nüchternen, wachen Stellungnehmens zu finden, ja im Grunde mehr als bei solchen, die das »Moderne« zum Programm erhoben haben und die politische Predigt als einzig mögliche auszugeben versuchen. In klaren Aussagen zum Heute im Lichte eines gläubigen Realismus macht der Knecht zwar keinen Lärm. Aber der Stille im Lande kann doch ein lauter Rufer zur Tat für den Menschen werden. Und zwar in diesem Sinne: »... es gibt eine Zeit, die uns gehört ... Das Vorgestern gehört uns nicht mehr – und der Gram um Versäumtes ist wenig nütze. Das Übermorgen gehört uns noch nicht; seine wirkliche Wahrheit ist uns verborgen. Was uns gehört, heißt ›heute‹, heißt: dieser Augenblick ...« (Ka 174)

Die Frage nach der Zeit ist für Goes die Gewissensfrage. »Christliches Gewissen ist zuerst ein aufgeschrecktes Gewissen« (Ka 156, auch Ha 173 bis 181). »Es begegnet uns die Phantasie der Liebe, die nicht fremde Leiden erdichtet, die aber in der ›Bruderschaft der vom Schmerz Gezeichneten‹ (Albert Schweitzers unvergeßliche Prägung) ihren Platz und ihre Aufgabe kennt. Diese Aufgabe schafft *unruhige* Gewissen ...« (Ka 158) Unruhiges und waches Gewissen: »Wir alle sind in das Netz der Vergangenheit verstrickt, wir dürfen der Last unsrer Geschichte nicht entrinnen. Es geht hier nicht um Theorien und Spiele. ›Ich will heimsuchen die Sünden der Väter – –‹, so steht es im Buch des Gottesbundes – und dann folgt eine Begrenzung: ›bis ins dritte und vierte Glied‹. Daß wir konkret sprechen: nicht Bismarcks Fehler mehr, wohl aber die Verbrechen der Jahre, die wir durchlebt haben, gehören in das Geflecht unsrer Mitverantwortung hinein. Christliches Gewissen ist unruhiges Gewissen um dieser Zeitgenossenschaft willen« (Ka 159). Es soll hier nicht die Frage erörtert werden, wie es mit den Folgen von Bismarcks Zeit steht – Bobrowski hat ja in »Levins Mühle« die Sünden der Großväter in jener Zeit zum Ausgangspunkt genommen. Entscheidend ist, wie Goes das unruhige Gewissen, das für ihn nicht das ruhelose ist, auf die Vergangenheit bezieht, jegliche Proklamation des Vergessens dementierend, und wie er zugleich auch wieder das Heute einbezieht: ». . . das Gewissen des Christen ist ein unruhiges Gewissen, weil ein Christ die Schuld jedes neuen Tages sich nicht vom Herzen weglügen kann« (Ka 159).

Entscheidend ist weiter, daß das unruhige und wache Gewissen auf die Dimensionen des individuellen wie des gesellschaftlichen Seins bezogen werden. Kreuzzüge, so sagt etwa der Prediger, Kreuzzüge des »christlichen Abendlandes«, würden von diesem Gewissen nicht gutgeheißen (Ka 160).

Und entscheidend ist schließlich, daß sich für Goes die Gewissensfrage auf die Friedensfrage bezieht. Ausgangspunkt seiner Predigt war die Frage gewesen, welchen Beitrag ein »in dieser Weltstunde« lebender Christenmensch zum »Gedeihen der Menschheit« leisten könne (Ka 156), ihr Endpunkt, wiederum bezogen auf »unsre Weltstunde«: ». . . es gilt, die Staatsmänner, die frommen und die unfrommen, als Menschen zu sehen, die auf das Wort ›Friede‹ nicht taktisch, sondern wirklich antworten *können*. Die Zuversicht hierauf, diese täglich neu angefochtene, täglich neu zu belebende Zuversicht ist – das glaube ich – eine Macht« (Ka 161).

Diese Predigtaussage ist im Kontext jener anderen zu sehen, in der sich Goes über das Ziel unserer Bestimmung auf Erden äußert, daß nämlich »auf einer bewohnbaren Erde – und nur die Liebe macht die Erde bewohnbar – Menschen ihr Werk tun im Wechsel von Mühe und Ruhe, dessen eingedenk, daß ihnen sechs Tage gegeben sind in ihrer Arbeit« (Ka 176). Drückt sich für Goes in der Beschwörung der Macht der Zuversicht auf eine friedliche und bewohnbare Erde das göttliche Ur-Für aus, so unterstreicht er das Nein gegen Verbitterung (»wären doch noch die alten Zeiten«, K 143), Verstockung (»es ist alles Betrug«, K 143) und Verfinsterung (im Sinne des »leeren Hinausstarrens« in den Weltenraum, K 143).

Indem sich der Prediger gegen solche Haltungen wendet und ihnen die Alternative dessen entgegenhält, was Werner Schmauch (ehemals »Köngener« wie Albrecht Goes) »Proexistenz« genannt hat, kann er auch klare Worte zu dem sagen, was »in der Luft« des jeweils Heute lag und liegt, und zwar so, daß sichtbar werden konnte: Dieser Prediger hat »keine Freude an der Wassersuppe des ›Sowohl-als-auch‹«. Er will seinen Standort auch in politicis bestimmen, ohne »Leisetreterei«, aber jedenfalls nicht dilettantisch (K 172).

»›Zwischen den Zeiten‹: so nannte sich vor . . . Jahren eine theologische Zeitschrift, auf die unruhig-gespannt viele Leute achtgaben . . . Es mochte ihnen zum Bewußtsein gekommen sein, daß der Titel dieser Zeitschrift eine Wahrheit ausspricht. Wir sind beides zugleich: Menschen in der Zeit und Menschen zwischen den Zeiten. Für beides soll man sich innerlich rüsten. Man soll mit Ruhe ausgerüstet sein für die Aufgabe, Mensch in Zeit zu sein, und soll die heilige Unruhe des Wanderers nicht verleugnen« (Ha 115).

Die Sünden der Väter (Vergangenheit), Mensch in der Zeit (heute), heilige Unruhe des Wanderns (Zukunft) – wenn der Prediger Goes die Fragen aufgreift, die in der Luft liegen, dann sieht er den Zusammenhang und die Verschränkung der Zeiten, und er bezieht diese auf die Geschichte Gottes und die Bewohnbarkeit der Erde. »... in jedem Stück gelebter Zeit kannst du erfahren, daß deine Zeit mehr ist als immer nur eben dieser Augenblick . . . Du kannst gedenken. Du hast ein Gestern, ein Vorgestern, einen Zusammenhang.

Du kannst erwarten, eine Zukunft ahnen: dir spannt sich der
Bogen über das Vergängliche hin . . .« (Ha 146) Was nun
lag und liegt für den Prediger in der Luft?

»Aber freilich: diese dumpfe Antwortfrage (Kains: Ich
weiß nicht; soll ich meines Bruders Hüter sein?), der Urlaut
der Finsternis, ist in der Welt. Wovon sprechen wir? Von
dem Krieg, der vor achtzehn Jahren begann, dieser Krieg, in
dem dreißig Millionen mal Abel erschlagen worden ist . . .«
(Ha 12, 1957, 1. Mose 4,9)

»Das hat unser Geschlecht nun gesehen. Wir können von
der prophetischen Vision an diesem hellen Ostermorgen nicht
sprechen, ohne zwölf Jahre zurückzudenken: in den April-
tagen des Jahres 1945 wurde Niedersachsen besetzt, und das
Lager von Bergen-Belsen tat sich auf mit den vielen tausend
nackten, unbestatteten Hungerleichen: in dem französischen
Dokumentarfilm ›Nacht und Nebel‹ wurde uns das Bild gezeigt: keine Prophetenvision, sondern fluchbeladene, schuld-
schwere Wirklichkeit, und die Todesgewalt des Bildes war
so groß, daß noch aus der Entfernung von zwölf Jahren wir
wohl begreifen, wie wenig Hoffnung die Welt auf ein Volk
setzen mochte, in dem derlei sich ereignet: ›unsre Hoffnung ist
verloren . . .‹« (Ha 87, 1957, Hesekiel 37,1 bis 14)

»Dem feurigen Pfingststurm – ihm vertrauen wir. Er allein
gibt so auch mir, dem Gast aus Deutschland, die Vollmacht,
hier, in Rotterdam, das Wort von Gottes Kreatur zu sagen.
Wir können nach allem, was geschehen ist, nicht nur eben des
Weges kommen, um schöne Städte und kostbare Gemälde-
sammlungen zu betrachten. Wir müssen, aus Deutschland
kommend, auf dem großen, freien Platz dieser Stadt stehen-
bleiben und des 15. Mai 1940 gedenken, und wir können
nicht an dem Haus in der Prinsengracht, drüben in Amsterdam, vorbeigehen, ohne an das Mädchen Anne Frank zu denken, das dort im Hinterhof sein vorletztes Stück Leben zu
durchstehen hatte. Und auch die Tafel an der Kirche in Amsterdam lesen wir wohl, auf der steht, daß an dieser Stelle,

an einem Septembertag des Jahres 1944, unschuldiges Blut vergossen worden ist« (Ha 165, 166, um 1957, Römer 8,22).

»Aber wie können wir vergessen, daß Abels Blut vergossen wurde und tausendmaltausendmal Abels Blut vergossen wird. Daß der gleiche Menschengeist, der die Röntgenstrahlen fand, die Elektrizität oder die Kernspaltung, auch Verantwortung trägt für den Blitz über Hiroshima, für die Formel der Zerstörung, die nun nicht mehr vergessen werden kann« (K 11, nach 1960, 1. Mose 1,26 bis 31).

»Wir können in dieser Welt nicht leben ohne die Erinnerung an die Rampe von Auschwitz . . .« (K 14, 15, nach 1960, 5. Mose 30,19)

». . . seit dem Novembertag des Jahres 1938, an dem die Synagogen brannten und wir nicht eindeutig unsren Platz an der Seite der Gejagten erkannt und eingenommen haben, stehen wir bei dieser ›Mutter‹ in Schuld. Und noch habe ich kein Wort über die Verfolgungen früherer Jahrhunderte gesagt und kein Wort von den Stätten des Grauens, die nach dem Synagogenbrand errichtet wurden, von Auschwitz und Sobibor und Bergen-Belsen und . . . kein Gedächtnis reicht aus, auch nur die Namen der Orte sämtlich zu kennen: es waren zu viele« (K 33, 34, wahrscheinlich 1963, Psalm 103, 17,18).

»Blutschuld ist Blutschuld; das Pilotengebet vor dem Abwurf der Bombe über Hiroshima war kein Gebet, und die Anrede ›Soldaten Christi!‹, wie sie der Armee in Vietnam im Weihnachtsgottesdienst zuteil wurde, ist eine lästerliche Rede« (K 19, 20, wahrscheinlich 1967, 1. Könige 19,1 bis 8).

»Die Aschenregen der Zerstörung, wie sie über Coventry zuerst und über Dresden zuletzt niedergegangen waren, würden sie weitere Ziele finden? Sie fanden Korea und Vietnam, und wer weiß, was sie weiter finden werden?« (K 122, 1967, Römer 8,21)

»Ich denke . . . mit Schrecken an manche alldeutsche Rede aus der Zeit der Jahrhundertwende und an später, in den zwanziger Jahren, in fast der gleichen Tonart gesprochene

Worte; lang also, ehe der große Zerstörer die Herrschaft in unsrem Land antrat. Ich denke daran, daß es anno 14, 15, 16 Kriegspredigten gegeben hat, vor denen man das Kreuz am Altar verhüllen sollte, um sich nicht noch nachträglich in den Tod schämen zu müssen. Das ist von gestern gesprochen. Eines ist noch zu sagen, weil es für heute und morgen gilt. Wir haben die Kräfte, die damals mit einer Leidenschaft des Unbedingten an den Frieden und die Völkerversöhnung dachten – ich nenne einen Namen: Friedrich Wilhelm Foerster – nicht in der rechten Weise beachtet. Neulich legten einige, drunten im Pragfriedhof unsrer Stadt, einen Kranz auf Berta von Suttners Grab, fünfzig Jahre nach ihrem Tod. Ach, die verspäteten Kränze! Als sie ihr Buch ›Die Waffen nieder!‹ schrieb und schrie, da hat man sie für eine Närrin gehalten. Ihr Grab braucht keinen Kranz; aber ihr Wort braucht unser Ohr« (K 45, 46, 1964, Jesaja 5,1 bis 7).

»In die Predigtarbeit dieser Tage schickte man mir – laßt mich das zuletzt noch sagen – ein Bild vom Gedächtsnismal für die mehr als hunderttausend Toten aus der Stadt Hiroshima und übersetzte mir den Text, der dort eingeschrieben steht: ›Schlaft ruhig – das wird sich nicht wiederholen.‹ Ich legte diese Karte als Buchzeichen in das Buch Jeremia, zu unsrem Kapitel. Unsre Verse werden neu zu sprechen anfangen, und ich weiß, was sie sagen. Sie sagen – nicht zu den Toten dort, aber zu uns, den Lebenden, hier: ›Wacht unruhig; sonst wiederholt sich das.‹ Auf wen ist Verlaß? Wer ist gemeint? Wir sind gemeint. Wie sagt der alte Meister? Er sagt: ›Der Dienst brennt‹« (K 72, um 1965, Jeremia 23,25 bis 29).

»Der Satz ›Der Friede ist unteilbar‹ ist ja leider etwas wie ein Gemeinplatz geworden und man lockt mit ihm keinen Hund mehr vom Ofen. Und doch ist er ein guter Satz. Gut ist er dann, wenn er konkret ausgelegt und verwirklicht wird. Wir können unsre Gegenüber uns nicht wählen. Wir sagen, dem Schulbuben gleich, der zuerst die Aufgaben in Angriff nimmt, die ihm ›liegen‹, unsre Gegenüber heißen ›Paris‹ oder ›Bukarest‹ oder vielleicht ›Prag‹. Aber wir wissen ja, daß sie ausdrücklich auch ›Leningrad‹, ›Warschau‹ und ›Magdeburg‹ heißen ... Wir wissen, daß wir nicht ›Himmel‹ sind, die anderen nicht ›Hölle‹ ...« (K 77, um 1965, Jeremia 29,4 bis 14)

»Unsrem Geschlecht sind in der schweren Geschichte der letzten fünfundzwanzig Jahre einige Dokumente zugeeignet worden, die lesen sich wie große Auslegungen unsres Textes. Sie erscheinen vor uns wie wunderbare Durchbrechungen der Wolkenwände, die unser Glauben vom Schauen trennen; ich meine die Abschiedsbriefe mancher zum Tode Verurteilten, die in wissender Klarheit die Summe ziehen mußten, durch keine Herabminderungen des Bewußtseins geschwächt, überwach vielmehr und sehkräftig nun in einer besonderen Weise. Einer von ihnen, Helmuth James Graf von Moltke, schreibt von der ›Dokumentation Gottes‹, die er begriff, dies: ›Uns ist es nicht gegeben, ihn von Angesicht zu Angesicht zu sehen, aber wir müssen sehr erschüttert sein, wenn wir plötzlich erkennen, daß er ein ganzes Leben hindurch am Tage als Wolke und bei Nacht als Feuersäule vor uns hergezogen ist und daß er uns erlaubt, das plötzlich, in einem Augenblick zu sehen. Nun kann nichts mehr geschehen!‹« (K 150, um 1965, Hebräer 11,27)

»›Mache Richtigkeit.‹ Wir sind zu einer großen lebensbeständigen Arbeit gerufen, zu einem Abschied und zu einem Anfang, zu einem Nein und einem Ja. Es ist der Abschied von dem Gott unsrer Wünsche, dem Gott unsrer Siegesgedanken. Der Abschied von allem ›Mit Gott für König und Vaterland‹, ich will sagen: für das christliche Abendland; mit Gott für die triumphierende Kirche. Mit Gott wider die Türken und Heiden, das hieße: wider den Kommunismus, wider den Zeitgeist, wider die, die uns aus irgend einem Grund – nenn jeden Grund! – zuwider sind. Diesen Gott unsrer Wünsche, der mächtigen, stolzen und fromm scheinenden Wünsche gibt es nicht mehr seit dem Karfreitag, da der Sohn aller Gottverlassenheit anheimgegeben wurde. Es ist der Abschied auch von unsren Plänen und Zielen. Die Herrlichkeit des Lebens – sie wird erkannt als das, was sie ist: als eine flüchtige Herrlichkeit« (K 105, 1965, Johannes 19,25 bis 27).

».. . wir denken an die leidenschaftlichen Sprecher und Täter unsrer Zeit; an alle, denen das täglich in der Welt geschehende Unrecht, all die Folterqual, von der wir lesen und hören, den Schlaf raubt, denken an den priesterlichen Aufrührer Camilo Torres in Südamerika, der lange rief; dann, als er wahrnahm, daß er wie gegen Gummiwände in einer großen Zelle schrie, griff er zu den Waffen und kam durch Waffengewalt um oder durch Verrat, niemand weiß es genau« (Ka 77, um 1970, Jeremia 40,1 bis 11). »Das Paradox des Kreuzes ist nicht aufgehoben. Christus wacht für seine Welt, nach einem Wort Pascals, noch immer in Gethsemane, und die Lobgesänge der Christenheit können nicht anders heißen als ›Lobgesänge inmitten der Nacht‹, aber es sind die Jubilate-Töne, die das nächtliche Rufen in diesem Haus einbekennen und einbeziehen, und die – um nur einen Namen zu nennen, der mit Dietrich Bonhoeffers 25. Todestag vor wenigen Wochen uns wieder neu ins Bewußtsein eingebrannt wurde – Flossenbürg nicht vergessen können. Eine der blutjungen Überlebenden aus dem Lager Auschwitz, Kitty Hart, hat ihrem tieferregenden Rechenschaftsbericht, den sie, ein polnisches Mädchen, in englischer Sprache niedergeschrieben hat, den Titel ›I am alive‹, ›Ich aber lebe‹ gegeben. So darf die Stimme des Eben-noch-Geretteten klingen: erstaunt, trotzig. Ich aber lebe: wir nehmen es auf und gestehen uns unser kreatürliches Teil ein: keine Wunderkinder sind wir, sondern irdisch-brüchig genug, voll Spruch und Widerspruch. Aber da ist für uns diese Verheißung: Christus in mir und ich in Christus« (Ka 153, 154, 1970, 2. Korinther 5,17).

»Wie viel Jahre schon, wie viel Jahre noch müssen wir

unsren Christtagsweg an den Stationen des Schreckens entlang laufen? Täglich hatten wir in unsrer Stadt vom Lembergprozeß zu lesen, und nicht zu lesen, wie ein Unbeteiligter liest: ›Mich gehts nichts an‹« (K 86).

Liest man dies aus einer Predigt über Lukas 2,8 und 9, die vor mehr als zwanzig Jahren gehalten wurde, heute nicht wie einen Kommentar zur Haltung jenes Blutrichters Filbinger, der bis August 1978 Ministerpräsident in dem Land (Württemberg) war, in dem Albrecht Goes lebt?

Auschwitz und Bergen-Belsen, Conventry und Hiroshima, Vietnam und Korea – das sind immer wieder die Fragen, die für den Prediger in der Luft lagen (daß auch Biafra dazu gehörte, wird hier unter dem Aspekt festzuhalten bleiben, daß die dort aufgebrochene politische Grundfrage bei Goes ausgespart blieb und daß an zwei, drei Stellen Positionen zur Ost-West-Frage zu Geltung kommen, die der Leser aus der DDR anders sehen würde, soll im Blick auf die Subjektivität des jeweiligen Zeugnisses ausdrücklich erwähnt werden).

Immer wieder kommt der Prediger, nicht willkürlich, sondern in dem von ihm eingenommenen Standort der Zeitgemäßheit hierauf zu sprechen – und es ist diese Zeitgemäßheit, die ihn ein »Zeitmaß des Christen« finden läßt: »Das Zeitmaß des Christen – kann man so sagen? – ist das andante con moto. Nicht das Langsam (denn sie haben's im Ohr, Bodelschwinghs ›Nicht so langsam, sie sterben sonst drüber‹), nicht das Presto, das keine Rücksicht nimmt …« (Ka 152)

Nicht zu langsam und nicht zu schnell, das ist keine Wassersuppe des Sowohl – Als auch, das ist die bei Goes immer wieder zu entdeckende Dialektik, die ihn in seinen Predigten zum Stillesein wie zum lauten Ruf auffordert, die ihn wie Thomas von Aquino »den Schlaf zu den Heilmitteln wider die Traurigkeit« (K 20) zählen, ihn dann aber vor dem »ruhigen Schlaf« angesichts Hiroshimas und Nagasakis warnen und die ihn bedenken läßt, ob es ein »mörderisches Gesetz der unaufhörlichen Anfänge« (K 130) oder »das Glück des Beginnens«, »die Gnade des Anfangs« (K 129) gibt. »Aber man möchte doch etwas Festes in der Hand haben? Nun, gerade der, der – wie es hier heißt – ›desto fester‹ das prophetische Wort hat, fester als Hosea und Johannes der Täufer, weil das Licht vom Berg der Verklärung über die Welt gegangen ist und die Stimme auf dem heiligen Berg nicht verklungen, der wird mit diesem Wort den Weg durch die Zeit wach und furchtlos zugleich gehen« (K 136). Und (es sei nochmals zitiert): »›Mache Richtigkeit‹. Wir sind zu einer großen, lebensbeständigen Arbeit gerufen, zu einem Abschied und zu einem Anfang, zu einem Nein und einem Ja« (K 105).

Dieses Nein – es kann bei Goes ein Nein auch des Zorns sein, nicht des »kleinen Zorns«, der mit der »großen Furcht« verbunden ist. »Es gibt ja auch den anderen, den großen *Zorn*. Ich bin freilich nicht so ganz sicher, bei mir nicht und bei anderen auch nicht, ob es immer zu Recht gesagt ist, wenn einer so ausruft: ›Da hat mich doch der heilige Zorn gepackt!‹ Ob nicht einer in uns zurückfragen müßte: ›Wie? Oder war es vielleicht der unheilige Zorn?‹ Aber daß es ihn gibt, den heiligen Zorn, und daß es ihn geben darf, das ist gewiß. Wenn es darum geht, für das geschlagene und verstoßene Leben in der Welt, das keinen Beistand findet, einzustehen, dann muß wohl zuweilen der Gemütlichkeit ein rasches Ende bereitet werden, dann muß auch ein zorniges Wort, ein Halt! oder ein Nein! gewagt werden« (K 87, 88). Der »große Zorn« als Nein gegen die, die Leben verstoßen, und das Ja – wir finden es wieder mit dem Bezug auf die biblische Metapher des »Brunnens«: »Darum hieß man den Brunnen einen Brunnen des Lebendigen, der mich ansieht.« Und dieser Brunnen – er ist für den Prediger Goes dort, wo sich das erste Amt Gottes verwirklicht, das Amt von Gottes Ordnung, und er ist für ihn dort, wo es um das zweite Amt geht, und hier wurde der Brunnen »zum Malzeichen des Lebens und Erbarmens« (Ha 26).

Erbarmen und Barmherzigkeit – wenn die theoretische Formel des »gläubigen Realismus« in ihrer geistlichen Dimension bezeichnet werden soll, dann werden wir es mit diesen Schlüsselbegriffen des Predigers tun. Zugleich sind sie auf die Objektivität der Botschaft wie auf die Subjektivität des demütigen Zeugen bezogen, und sie weisen in die Richtung, wohin das Wort gehen soll . . .

An dieser Stelle wird eine Feststellung einzuschieben sein: Ich bin mir der Grenzen bewußt, die Predigten von Albrecht Goes auf ihren geistlichen Gehalt hin zu untersuchen. Muß ich es doch in Absehung der Gemeinde tun, für die sie bestimmt waren, und der Prediger hat in den zitierten Marginalien mit Nachdruck darauf hingewiesen, was es für ihn bedeutet, »per Du« oder »per Sie« oder im »Wir« oder im »freien Wechsel zwischen allen Möglichkeiten« (K 167) das Wort zu verkündigen. Aber dies wird wohl das Schicksal aller Bände mit Lesepredigten sein (weshalb man übrigens auch immer Unbehagen beim Lesen von Rezensionen solcher Bände empfindet).

Die andere Problematik besteht darin, daß ich in der Zusammenschau von Grundzügen der Predigten von Albrecht Goes gezwungen war, Predigtaussagen aus dem Kontext der Predigt, vor allem aber aus dem der Perikope und des einzelnen Wortes der Perikope zu reißen, und wir hatten ja gesehen, welchen Wert dieser Prediger auf das einzelne Wort als pars pro toto legt. Dies ist nun ein Spezifikum der Predigtbände von Albrecht Goes, und ich muß ausdrücklich hervorheben, daß ich diese Problematik auf mich nehmen mußte, wenn ich den meines Erachtens notwendigen Versuch unternehmen wollte, in die Überlegungen über das Werk von Albrecht Goes die Predigten einzubeziehen (und dabei nicht bei Allgemeinplätzen stehenzubleiben, die sich in der Literatur über Goes dort finden, wo auch der Blick auf die Predigten gerichtet wird).

Und ein dritter Gesichtspunkt wird hinzuzufügen sein: Ich

habe in der Untersuchung des geistlichen Gehalts der Predigten von Goes verzichtet, die Frage nach deren theologischen und kirchenpolitischen Implikationen zu stellen. Dies nun glaube ich mit gutem Gewissen getan zu haben, denn dieser Prediger ist zwar »bei Aurelius Augustinus, Bischof in Hippo, bei Luther, Fénelon und Spurgeon, bei Schleiermacher in Berlin, Kornelis Heiko Miskotte in Amsterdam, bei Karl Barth in der Strafanstalt in Basel« (Ka 7) in die Lehre gegangen; er bekennt zwar von sich, daß er »die gesellschaftspolitische Leidenschaft, wie sie etwa . . . Helmut Gollwitzer in kaum erschlossenes Land treibt . . .«, als »wichtiges movens für die Predigtvorarbeit in unsrer Zeit« (Ka 10) betrachtet, und er hat auch berichtet, daß ihn »die inständige, so gar nicht ›elektrische‹ Weise Martin Bubers, einen Gegenstand anzugehen, immer aufs neue bewegt« (K 167), aber all dies hat ihn nicht veranlaßt, sich einer theologischen Lehrmeinung und kirchenpolitischen Strömung zu unterwerfen (was in Württemberg angesichts der dort immer zu verzeichnen gewesenen »Fraktionskämpfe« ein zusätzliches Verdienst ist!). Für Goes, der sich gegen den »geliehenen Chorrock« des »Kanaanitischen« ebenso wendet wie gegen das »geliehene Hippiehemd« des »Babylonischen philosophisch-soziologischer Observanz (oder sagen wir: Penetranz?)«, ist die »Homiletik des Situationsgehorsams« (Ka 9,8) entscheidend, und er geht davon aus, daß »der Text transparent werden soll, so daß er die Sorge um des Menschen Zuflucht und Heil sichtbar macht« (Ka 8). Und damit sind wir wieder bei der Objektivität der Botschaft und der Subjektivität des Boten, die den Kern des demütigen Dienstes von Albrecht Goes als Prediger bestimmen.

Einen Grundzug der Predigten von Albrecht Goes wird man relativ unbefangen würdigen können, obwohl manche gerade ihn als problematisch empfinden mögen: Dieser Prediger nimmt sich die Freiheit, in die Deutung des Wortes Gottes die Fülle des geistigen und künstlerischen Lebens einzubeziehen, ohne sich an das »Babylonische« solcher »Observanz« zu verlieren und ohne das Paradigmatische dessen, was er aus Literatur und Kunst, vor allem aber aus der Musik aufnimmt, überzustrapazieren. Alles bleibt der »Transparenz« untergeordnet, und man wird gut tun, die Würdigung dieses Grundzuges in seinen Predigten auf jene Bemerkungen aus den Marginalien zu beziehen, wo er Johann Sebastian Bach »als einen Erzhelfer, als Exegeten ersten Ranges« bezeichnet: ». . . ich meine in diesem Zusammenhang den Komponisten der zweihundert Kirchenkantaten: wie da ein Predigttext umleuchtet wird, jetzt durch einen Chorsatz, dann durch eine Männer- oder Frauenstimme, durch ein meditatives Rezitativ, durch eine einfache Deklamation des Schriftworts selbst, wie er durch eine Arie dann, schließlich durch eine Choralstrophe Gegenwart gewinnt, wie da Selbstgespräch und Zwiegespräch einander begegnen, Stille und Leidenschaft, Befehl und Verklärung, und alles in einer Verschmelzung von Kunstverstand und theologischem Sachverstand, von Wachheit und Naivität – wenn wir so predigen könnten!« (K 167 f.)

Es sind genau diese Wachheit und Naivität, ja auch Naivität, die diesen Prediger veranlassen, im Transparentmachen der Fülle der Verheißungen die literarischen und künstlerischen »Register« zu ziehen. Wir finden nicht nur Paul Gerhardt und Tersteegen, Elisabeth Cruciger und Gryphius, Claudius und Zinzendorf, Hebel und Mörike, Rinckart und Jochen Klepper zitiert – Goes scheut sich nicht, Goethe und Thomas Mann, Fontane und Brecht, Rilke und Reinhold Schneider, Bruce Marshall und Thornton Wilder und immer wieder Tolstoi und Pascal auf je ihre Weise und in bezeichnender Weise anzuführen.

Besonders deutlich ist dies im Falle Brecht: »Aber die Schwarzträumer, die Zornprediger? Auch ihnen begegnen wir ja auf Schritt und Tritt, in den Regalen unsrer Buchhandlungen, in unsren Theatern, im ›Wachtturm‹ der Zeugen Jehovas, aber – das darf ich nicht übergehen – wortgewaltig auch auf mancher Kanzel. ›Ich predig, daß Ihnen Hören und Sehen vergeht‹ läßt Brecht seinen Feldprediger sagen. Und die Mutter Courage antwortet ihm, und wir heißen ihre Antwort eine gute Antwort: ›Ich möcht gar nicht, daß mir Hören und Sehen vergeht. Was tu ich da?‹ Gerade die Schwarzträumer, gerade die Zornprediger werden wir fragen: wißt ihr wirklich, wovon ihr sprecht? Wer ›Ja‹ sagt, muß sein Ja dreimal prüfen; wer ›Nein‹ sagt, muß sich siebenmal fragen, ob er dieses Nein sagen darf« (K 69).

»Ich würde meiner Herkunft und aller eigenen Lebensführung untreu, wenn ich die Zusammenhänge zwischen dem Urbild und der Welt der Bilder und Bildungen verleugnen wollte« (K 170): Mit diesem Satz deutet Goes an, wie er verstanden werden will, wenn er die genannten Dichter zitiert, wenn er je von neuem auf Bach und Mozart zurückkommt, aber auch auf Bruckner und Haydn, wenn er Werke von Grünewald und Picasso paradigmatisch würdigt, wenn er auf Jacob Burckhardt und Max Picard rekurriert, wenn er von dem von ihm geliebten schwäbischen Bauerndichter Christian Wagner und von Lao-tse Lebensweisheiten bringt.

An drei Gesichtspunkten wird besonders deutlich, welchen Traditionslinien sich Goes auch als Prediger verpflichtet weiß.

Da ist zuerst die Traditionslinie des schwäbischen Pietismus, die ja der militanten Züge nicht entbehrt. Die Blumhardts gehören zu den am meisten Zitierten, »und dann denken wir, hier im Land, gleich an unsren klugen Pfarrer Flattich, den tapferen Prediger vor Schillers Herzog . . .« (K 152).

Zum zweiten knüpft Goes immer wieder an Augustin und Anselm, an Luther, aber auch an Thomas von Aquino an, und er weiß die Bedeutung des Kardinals Newman und die von Johannes XXIII. und natürlich die von Romano Guardini zu schätzen.

Zum dritten ist ein Stichwort zu nennen, auf das schon in anderem Zusammenhang eingegangen worden ist: Martin Buber – hier zu erwähnen, weil alttestamentliche Texte von Goes vornehmlich in Bubers Übersetzung gebracht werden.

Der Kampf um das Wort und das Zeugnis des Wortes – sie finden für diesen Prediger statt im Transparentmachen des Textes, der für alle Zeit geschrieben ist, oder anders formuliert: im Übersetzen dessen, was man gehört hat, auch des Unausgesprochenen. »Übersetzen ist Liebe. So übersetzt, der zu lieben versteht: das Wort der Frau so, daß es hörbar wird für den Mann, Negerwort in das Wort des weißen Mannes, Wort der Kinder in die Sprache der Älteren, forsche Rede dem Scheuen, engen Vorbehalt dem, der nur im Weiten zu atmen vermag« (K 120). Auf diese Weise haben wir das Wort zu »suchen, das die Taubheit durchbricht und die Verstockung bannt, im Vertrauen darauf, daß Pfingsten ist, noch immer ist« (K 120). So führt denn Goes in seinen Predigten – »Babylon soll nicht mehr Babylon bleiben« (K 119) – an den Ursprung der Kirche, indem er immer von neuem »die Umfrage, die über aller Erde ist«: »›Da sprach der Herr zu Kain: Wo ist dein Bruder Abel?‹« (Ha 12) aufwirft, indem er das Kanzelholz vom Holz der Krippe in Bethlehem und vom Holz des Kreuzes von Golgatha bestimmt sein läßt, indem für ihn »Der Herr ist nahe« tatsächlich Präsens ist, »ein Präsens in Zeit und Ewigkeit« (Ka 170).

Und dieses Präsens der objektiven Botschaft verbindet sich dem Präsens des subjektiven Zeugnisses jedes Boten, von uns allen: »Wir, wir in der Zeit, haben es ja nicht immer leicht, die Fußspur im Sand der Zeit, dieser unsrer Zeit, zu entdecken, die *sein* Fuß gelassen hat; es weht so sehr. Aber getrost, getrost: sie ist da, die Spur der Liebe, des Erbarmens, des Opfers, des Verzichts, die Bereitschaft, *den* Menschen nicht aufzugeben, für den Christus treu war bis in den Tod« (Ka 170, 171).

Goes hat vom Präsens in Zeit und Ewigkeit gesprochen –

die Lokalisierung der Zeit, sie erfolgt in Hinsicht auf die konkreten Umstände, in die hinein das Wort Gottes verkündigt wird: »Ich vergesse nicht den Platz, auf dem ich stehe; es ist die Stuttgarter Kanzel und nicht das Rednerpult in Bonn« (K 77). Die konkreten Umstände der Gemeinde, der von der »Stuttgarter Kanzel« das Wort Gottes verkündigt wird – sie freilich haben in politicis mit dem zu tun, was vom Bonner Rednerpult an »Richtlinien der Politik« entwickelt wird. So sind Goes' Predigten in der Tat Predigten, die Menschen in bestimmten gesellschaftlichen Umständen, in einer genau bestimmbaren Horizontale, treffen. Wir, in ganz anderen gesellschaftlichen Umständen und Verhältnissen, werden getroffen und betroffen von der Vertikale des Wortes Gottes, vermittelt durch diesen Prediger, und wir sind davon beeindruckt, wie er unter seinen gesellschaftlichen Verhältnissen, auch in politischen Aussagen »immer bestimmt vom Wort«, Konkretisierungen vornimmt.

»Immer bestimmt vom Wort« – Pfarrer Götz Bickelhaupt hat diese Feststellung in einer längeren Arbeit zu Goes' Predigtband »Der Knecht macht keinen Lärm« (»Evangelisches Pfarrerblatt« 12/1970) getroffen, und er hat eine andere bemerkenswerte Feststellung hinzugefügt: Ausgehend von der Tatsache, daß kirchliche Stellungnahmen für den Frieden und gegen den Antikommunismus nicht ausreichen, wenn sie nicht auf je ihre geistliche Art und Weise in Predigt und Seelsorge zur Geltung kommen, unterstreicht Bickelhaupt am Beispiel Goes, wie dieser seine kirchenkritischen und politischen Aussagen »direkt aus der Meditation« entwickelt. Goes findet zu einer Parteinahme »vom Wort her«. Dieses ist für ihn primär und bestimmt sein Reden.

Hier zeigt sich also, wie eine sehr genaue Differenzierung von Predigtort und politisch-sozialem Ort (von Kanzelholz und Tribünenholz, um in der Metapher zu sprechen) zur gemeinsamen Bemühung um theologische Grundfragen führen kann (zumal dann, wenn sich – wie im Falle Goes – der Prediger von kirchenpolitischen Parteiungen fernhält). »Wir erfahren das Geschenk einer Berufung, die es uns erlaubt, ›ich‹ zu sagen, die uns ermächtigt, als dieser so von Gott gemeinte Entwurf eines Menschen vor uns selbst zu bestehen, mutig oder bang, widerspruchsvoll gewiß und anfechtbar genug. Und erfahren aus dem heiligen Plural der Genesis – ›lasset uns Menschen machen‹ – das Geschenk einer Gemeinschaft, die es uns erlaubt, ›du‹ zu sagen, die uns ermächtigt, in Kraft des Erstaunens und der Liebe den anderen zu erfahren als das Gegenüber, das uns begrenzt und ermutigt und begleitet. Und sogleich werden wir schon in diesem Zusammenhang an die Taufe denken, das Geschenk einer Erwählung, die uns erlaubt, ›wir‹ zu sagen; nicht als eine wunder wie herrliche Elite, die auf ihre eigene Tüchtigkeit oder Frömmigkeit (was ist das eigentlich?) stolz sein kann, sondern weil es Gott gefiel und gefällt, sich das Volk aus aller Welt Zungen zu sammeln« (K 130).

Wunder
der Verwandlung

Der Prediger Goes – selbst dann noch, als er kein »Pfarramt«
im traditionellen Sinne mehr hatte – war immer auch Seelsorger. Sein Bemühen um das Wort war in der Tat nicht
»ästhetisierend« (wir haben uns in anderem Zusammenhang
schon gegen eine solche Auffassung gewandt). Sie war vielmehr immer bestimmt von der Genauigkeit der theologischen
Aussage und der Anschaulichkeit des Bildes, aber vor allem
von der Antwort auf die neu und anders aufzunehmende
Frage, wohin das Wort gehe, wie es dort ankomme.

Marlies Kiendl hat (»Deutsches Pfarrerblatt« 3/1981) sehr
schön beschrieben, wie mit dem Seelsorger Goes das ankommt, um das es ihm eigentlich geht: ». . . ich erfuhr den
Sinnzusammenhang zwischen Trauen und Zutrauen, zwischen
Vertrauen und Treue. Dieser Dichter schien alles zu wissen,
und was mich noch erst ahnungsweise, aber allgewaltig be-
drängte, bedrückte oder jäh beseligte, hob er mit zarter Be-
hutsamkeit in die Klarheit seiner Sprache, die erleuchtend
wirkte und doch alle Geheimnisse barg. So weckte er mir
neben dem ›Geschenk der immer neuen Möglichkeiten des
Lebens‹, dem Erstaunen, die lebensbewahrende Dankbarkeit . . .«

1948 hatte Goes für den Münchner Verlag Piper »Worte
Christi« (so auch der Titel des Buchs) ausgewählt. Er war sich
des »Wagnisses« einer solchen Auswahl bewußt, und so geriet
ihm dieses literarische Unternehmen nicht zu einem program-
matischen Akt, sondern dazu, Begegnung zu vermitteln,
Zeugnisse weiterzugeben, und das hieß für ihn: »Worte, die
ganz von Person zu Person sich ihren Weg bahnen« (10).

In der von Goes mit Vorsicht besorgten Auswahl ging es daher zuerst um die Christus-Worte, die »den Erschrockenen, den Angefochtenen und den Verstoßenen« gelten könnten, dann um die, die in den »Kreis der Vertrauten« hineingesprochen worden sind, weiter (drittens) um solche gegenüber »Zweiflern« und um (viertens) andere für die »Unerschütterten«. »Den Beschluß machen einige Stücke aus dem heiligen Zwiegespräch, das Christus mit dem Vater geführt hat, ein ganzes Leben lang« (12).

Das sind die Kreise derjenigen, für die – nach menschlichem Ermessen – die Christus-Worte so oder so gelten könnten. Für alle Kreise aber ist gültig, was Goes am Anfang seiner Vorbemerkungen und an ihrem Ende festhält: Es komme darauf an, daß der *eine* Mensch von diesen Worten getroffen werde, nicht als von »Worten an sich«, sondern von »Worten für –« (5). »Wen das Feuer erreicht, der erfährt Christi Wort als Christi Gegenwart« – und das habe »Umwälzung« zur Folge (13).

Immer schon ist dies die Intention des Predigers und Seelsorgers gewesen. Als er im 78. Jahrgang der »Pastoralblätter« (Verlag Ungelenk, Dresden) drei Predigten veröffentlichte, schrieb er in einem Begleitbrief:

»Es lag mir daran bei diesen drei Predigten, wo eine die andere nach sich zog, die Geschichte selbst herzuschieben ins Gegenwärtige, und das so, daß die Gestaltung des Lukas nicht zerstört und vertuscht, und zugleich der Hörer veranlaßt würde, neu zu hören.«

Es ist daher auch kein Wunder, daß Goes' Texte immer gern in Gemeindeblättern nachgedruckt worden sind – im deutschsprachigen Raum im weitesten Sinne, bis hin zu den »Kirchlichen Blättern« der Siebenbürger Sachsen, aber auch im fremdsprachigen Raum (zumal in Ungarn und in anderen sozialistischen Staaten). Sie sind überdies von katholischen Gläubigen auf- und angenommen worden – so wenn Goes' Anschauungen über die Beisetzungspredigt 1962 in eine Ausgabe der Herder-Bücherei (»Die Werke der Barmherzigkeit«) einbezogen wurden. Und in der Furche-Bücherei sind in hohen Auflagen »Worte zum Sonntag« und »Worte zum Fest« gedruckt worden, Zusammenstellungen von Predigten, die einen anderen Charakter hatten als die drei analysierten Bände von Lesepredigten. Sie sind – wie etwa auch die anderen: »Krankenvisite« und »Unsere letzte Stunde« – trotz oder wegen ihrer literarischen Bezüge stärker seelsorgerlich bestimmt und (zumal die zuerst 1959 erschienenen »Worte zum Fest«) aufs Kirchenjahr bezogen (bei Siebenstern sind dann beide »Worte«-Bände 1973 zusammengefaßt »Dunkler Tag, heller Tag«). Etwa in dem Wort zum Pfingstfest »Lebenswind und Gottesfeuer« finden wir die Goessche Wind-Metapher verbunden mit dem, was er über das Feuer (wieder das Feuer!) des göttlichen Worts, das weht, wo es will, geschrieben hat. Das »Gottesfeuer« ist es, das »das Gestrüpp der Vergangenheit verbrennt . . .« (21) Wind und Feuer – sie werden auf die Sprache bezogen: »Da sind unsre Sprachen: wir sprechen Deutsch und Französisch und Polnisch und Russisch. Aber Pfingsten heißt: daß es eine Sprache gibt, nicht *über* diesen Sprachen, sondern *in* diesen Sprachen. Ein jeder spricht seine Sprache, und ein jeder – Wunder der Verwandlung – versteht in der seinen. Pfingsten heißt: daß es durch diese Menschensprache Befreiung gibt aus einer Verstockung, die nicht in Wahrheit Rede und Antwort kennt, Erlösung aus der babylonischen Verwirrung, in der nichts sich vernehmen läßt als das öde und dumpfe Selbstgespräch des dunkelgefangenen Ichs« (22).

Da haben wir neuerlich das, was wir von Goes schon vorher über Pfingsten hörten, und vor allem haben wir das »Wunder der Verwandlung«! Das Wunder der Verwandlung aber ist es, das sich gegen »die Zweifel und die Teufel« durchsetzt, allerdings nicht sozusagen im Alleingang. Es gibt da auch, zum Beispiel, die »Engelwache« (zitiert nach einem Sonderdruck von 1972):

»Dies ist das Amt des Engels, der ›Leiden‹ heißt: er wacht *über* uns, daß uns das Herz nicht einschläft. Daß es nicht dumpf wird in der Gleichgültigkeit, nicht karg in der Verbitterung. Dir, dem Leidenden, über dem ich wache, – so spricht der Engel – ist die Gotteswelt nahe mit allen ihren Zeichen. Und er wacht *für* uns: so daß denn doch – es ist uns so geschehen, und wir sollen es nicht vergessen – unsre Augen einschlafen mitten in der Angst, zwischen den Tränen: immer wieder einmal wartet auf uns die Erfahrung, die der Prophet Jeremia im einunddreißigsten Kapitel seines Buches nennt: ›Darüber bin ich aufgewacht und sah auf – und hatte so sanft geschlafen.‹«

Engelwache ist freilich nur das Zeichen, das weiter weist, das ins Zentrum weist, ins Zentrum Christi und seiner Worte, ins Zentrum des pfingstlichen Wunders und in das des Ersten in der Einheit des Trinitarischen: »Geheiligt werde Dein Name« . . .

Als 1940 als Band 52 des »Eckart-Kreises« der Band: »Das Vaterunser. Eine Auslegung. Dargeboten von deutschen Dichtern« erschien, war es die erste Bitte, deren Auslegung Albrecht Goes zugewiesen worden war, und in der Zeitschrift »Eckart« war der Text schon im November 1939 erschienen, hier allerdings im peinlichen Kontext einer Betrachtung von Paul Alverdes, »Heilig Vaterland. Erinnerung an ein Gedicht«. Auch in dieser Meditation von Goes finden wir wieder das »Feuer« beschworen, diesmal aufgenommen aus einem Text von Blaise Pascal vom November 1654. Goes unterstreicht in ihm – wie Pascal – zwei Worte: »Feuer« heißt das eine, »Gott Jesu Christi« das andere (28):

»Was will er (Pascal) mit dieser Hervorhebung sagen? Doch wohl dies: wer es mit diesem Namen ›Gott Jesu Christi‹ wagt, der begibt sich in die Gewalt des Feuers. Des Feuers, das Holz, Heu und Stoppeln verzehrt, das Silber läutert, das weithin leuchtet, und das wärmt, der ihm nahekommt. Des Feuers also, in dem die eigenen Wünsche und Bitten verzehrt werden, insoweit als sie Holz, Heu und Stoppeln sind vor der Weisheit Gottes. In dem gewandelt und geläutert wird, was echt ist wie das blanke Silber und das reine Gold. Des Feuers, in dem unsre Welt und ihr Dunkel so erleuchtet wird, daß die Wahrheit Gottes sich auftut, daß die Maße Gottes offenbar werden im Großen und im Kleinen, im Aufrichtigen und im Falschen, im Alltäglichen und im Weltbewegenden. Des Feuers, in dem kundgetan wird, daß Gott dennoch die Liebe ist, ›ein Backofen voll Liebe‹, wie Luther gesagt hat, daß er in solcher Liebe uns an sich zieht, wie das Feuer die frierenden Leute. Was aber dieser eine an jenem Novemberabend des Jahres 1654 erfahren hat, das darfst du an jedem Morgen und Abend deines Lebens erfahren mit diesem Namen« (28 f.).

Feuer – und »Zuflucht«: »Der Name des Herrn ist ein festes Schloß.« Keine Macht der Welt könne es einnehmen, und indem wir beteten »Geheiligt werde Dein Name«, brauchten wir »nicht ins Blaue– hineinzureden (31), aber auch »keinem ›höheren Wesen‹ entgegenzuträumen« und »mit keinem blinden Schicksal zu hadern« (27).

Diese übrigens auch deutlichen Reflexe auf den »Zeitgeist«, den Ungeist der Zeit, pointierte Goes (27) mit einem Satz, der letztlich *das* Wort Christi ist und in dem das Wunder der Verwandlung Wirklichkeit wird:

»Ich wage, Vater unser zu sagen, und dabei den zu meinen, den Jesus Christus Vater nennt.«

Anhang

Gespräch Günter Wirths
mit Albrecht Goes

G. W.: Sehe ich richtig, daß das Verhältnis Protestantismus –
Dichtung ein nicht unproblematisches ist? Ist die Evangelische
Kirche so sehr Kirche des Worts, daß es für den Künstler des
Worts in ihr schwerer ist als für den Künstler der Töne? An-
dersherum gefragt: Ist der Katholizismus sinnlicher und »me-
taphernreicher« als der Protestantismus, so daß es der katholische Dichter einfacher hat als der evangelische?

A. G.: Der Dichter Werner Bergengruen sagte mir – vor
dreißig Jahren –, er – aus dem spröden baltischen Protestantismus stammend – sei konvertiert, weil er in katholischer
Welt mehr Erde, mehr blühendes Leben für seine Andacht
um sich habe. Und die Dichterin Gertrud von le Fort, die
Ernst Troeltschs theologisches Werk behütet hat, wollte ein
»sicheres Haus« und schrieb die »Hymnen an die Kirche«. Ich
habe beiden aufmerksam zugehört – und bin evangelisch geblieben. Ich weiß: das Original, die Schrift – Genesis, Jesaja,
das Lukas-Evangelium, der Zweite Korintherbrief –, das
sind auch als literarische Arbeiten grandiose Texte, aber sie
sind unzugänglich wie das Hochgebirge; in diesen Bereichen
kann man nicht »dichten«. Fast alle Versuche werden etwas
wie »zweiter Teeaufguß«. Auch ich habe hier fast nur zugehört und geschwiegen und nachbuchstabiert; einige wenige
Male habe ich zu antworten gewagt, etwa in dem Gedicht
»Davids Traum« oder in den »Stimmen der Anbetung«.

G. W.: Sehe ich weiter richtig, daß es protestantische dich-
terische Tradition nur in einigen deutschen Kulturlandschaf-
ten gibt – und daß die schwäbische allerdings dazu gehört,
von Andreae über Mörike bis Goes?

A. G.: Darf ich mit einem soziologischen Exkurs antworten? Man war arm in den geistlich-reicheren Bezirken, etwa in Schwaben oder Schlesien. Man hatte gerade Kerzenlicht bei Michael Hahn oder Jakob Böhme: so mußte man denn sinnieren, meditieren und dann einiges vor sich hinkritzeln, was aus der Stille kam. Bei Mörike gab es allenfalls die Petroleumlampe. Das wirkliche Gedicht hält eine geheime Freundschaft mit dem glanzlos-unscheinbaren Ambiente.

G. W.: Da Ihr Denken (»Buchstab und gesprochen Wort«) und Ihr Dichten (»Aber im Winde das Wort«) immer von neuem und, wie ich den Eindruck habe, sehr skrupulös der Suche nach dem Wort galt und gilt – wie denn sehen Sie das Verhältnis des göttlichen Worts zum menschlichen im allgemeinen, zum dichterischen im besonderen? Was bedeutet dies für geistliche Dichtung im engeren Sinne, fürs »Binnenkirchliche« gleichsam, etwa fürs Kirchenlied?

A. G.: »Zion hört die Wächter singen, / Das Herz tut ihr vor Freude springen« – und da müssen Sie ja dann im Fall des Philipp Nicolai auch die Melodie, die »Wachet-auf«-Melodie, als aus einer Werkstatt kommend sich dazu denken. Ich weiß, wenn ich so an die Hoch-Zeit des Kirchenlieds denke, nichts als die selige Kapitulation des Erstaunens: das sind Wunderwerke wie der Isenheimer Altar oder die h-Moll-Messe, und man kann nicht erwarten, daß sich derlei oft wiederholt, schon gar nicht von Geschlecht zu Geschlecht. Gewiß, es kamen noch Paul Gerhardt und Tersteegen, die Türme – und dann die Türmchen. Die großen Schöpfungen stammen aus der großen Sammlung der Seele, aus jener »Reinheit des Herzens«, die »Eines wollte«; zudem hatten diese Schalling und Rinckart eine Gemeinde, die aus der Nähe Leben und Los mit ihnen teilte. Rinckart hatte die Kindersärge im eignen Haus und den Krieg vor der Tür – und wagte in seinem »Tischlied« doch dies: ». . . ein immer fröhlich Herz / und edlen Frieden geben«.

Wir Nachfahren sind Einzelgänger, der hochgebildete

Schröder oder der zu Tod erschrockene Klepper. Selten gelingt uns mehr als ein Anklang an jene großen Lieder der Väter.

G. W.: Ich habe 1958 einmal versuchsweise gewagt, christliche Dichtung als Gestaltung der individuellen, sozialen *und* transzendenten Wirklichkeit in ihrer Einheit zu definieren, und Sie haben mir damals einen mich bestärkenden Brief geschrieben. Sehen Sie, gleichsam in der Altersweisheit, die Dinge nach wie vor so, oder haben sich für Sie die Akzente verschoben?

A. G.: Ja, ich glaube, Sie hatten recht mit dem, was Sie da vor dreißig Jahren zur »christlichen Dichtung« sagten. Ich sehe, daß da einer ist, der für sich spricht, der aber am offenen Fenster steht und sich nicht verschließt vor dem Lärm und Geschrei, das von draußen kommt, der auch das Seufzen der Schlaflosen nicht überhören kann, und der glaubt, es gehe, wie damals von Daniels Fenster aus, der Blick »stracks gen Jerusalem«, der Gegenwart des Heiligen Geistes gewiß.

Ich bin unfroh, wenn ich die Vokabel »Christliche Dichtung« höre; ich glaube freilich, daß es Künstler gibt, die zu keiner Zeit von dem »unzerstörbaren Charakter« ihres Christseins absehen können. Sie verstehen das Zusammen und Zugleich von »Künstler und Christ« weder als Privileg noch als Hypothek; sie wünschen – als Künstler – in nichts aus der Reihe zu treten; sie nennen ihre Arbeit ein Wagnis in Gnaden.

G. W.: Darf ich eine mehr historisierende Frage dazwischenschieben: Wie sehen Sie den Gesamtkomplex der inneren Emigration, zumal der protestantischen, zwischen 1933 und 1945?

A. G.: Erst kürzlich war eine ausländische Sendeanstalt beschäftigt mit Untersuchungen über die deutsche evangelische Dichtung aus den Jahren der Hitlerei. Sie geriet dabei auch an jene fünf oder sechs Evangelienspiele, die ich in den dreißiger Jahren publiziert hatte; sie waren mir selbst gar nicht mehr so deutlich gegenwärtig, aber diese Vergangenheitsforscher verstanden sie sehr entschieden als lebendigen und wirksamen Protest, den die als Spielschar ja ganz mit einbezogene Gemeinde sichtbar und hörbar machte. Sie sagten mir: »Sie haben in der Freiheit des Spiels das Evangelium gesagt und jene Zone gestärkt, in der Hitler nicht anwesend war. Das wiegt nicht leicht.«

Ich selber, wenn ich mich an die ferngerückte Zeit erinnere, verstehe jetzt die Aufgabe, die damals dem Schreiber gestellt war, als Einübung in verwandte, später – jetzt – zu leistende Pflichten. Es war nicht allerwege möglich, tapfer zu sein; es war vielleicht möglich, nicht feig zu sein. Es war nicht immer möglich, das Notwendige richtig zu sagen; aber es war doch möglich, sich dem bösen Wort zu verweigern. Es ging – und es geht – um eine Entscheidung, die sich damals sagen mußte: die Machthaber bekommen von mir zu keiner Stunde ein Wort, das wie Zustimmung aussehen könnte; später hieß es dann: zu dem bösen Dienst, Mauern aufzurichten, rühre ich keinen Finger.

G. W.: Ich weiß, daß Sie ein genauer Beobachter des weltpolitischen Geschehens sind. Ist Ihnen dabei aufgefallen, wie Gorbatschow in bemerkenswerter Weise seit über einem Jahr von der Notwendigkeit eines neuen Denkens im Atomzeitalter spricht und dabei auch einer neuen Sprache das Wort redet, und er selbst redet ja in einer neuen Weise? Was ist Ihre Meinung hierzu?

A. G.: Sie haben recht: ich bin sehr damit beschäftigt, die neue Stimme aus Moskau, Gorbatschows Stimme, genau zu hören. Ich war in Berlin-Steglitz, elf Jahre alt, ein ziemlich waches Kind, als ich von der Ermordung der Rosa Luxemburg hörte – und ich habe das düstere Datum nicht vergessen. »Was geschieht, geht mich an«; das war ein Wort, das ich gerade auch als politischer Mensch in mir erfuhr als einen Befehl an mich; freilich ohne je einer Partei anzugehören, Einzelgänger auch hier, und auch, ohne mir Träumereien zu erlauben. Die Knäuel aus Größe und Schrecken, die »Geschichte« heißen, sind unentwirrbar auch für mich; aber ich wage doch, strikt zu unterscheiden zwischen der Verstörung, welche die Visionen und Schauspielkünste aus der Administration des Weißen Hauses in mir zeitigt – und der Wahrnehmung des nüchternen Ernstes dieser östlichen Stimme. Ich höre sie, ohne Träumerei auch sie, aber nicht ohne Zuversicht, nicht ohne Freude.

Veröffentlicht in: STANDPUNKT 6/1987

Bibliographie

Auswahlverzeichnis der Schriften
von Albrecht Goes

Die mit * versehenen Veröffentlichungen liegen in mehreren
Auflagen vor bzw. kamen auch als Lizenzausgaben in Buchge-
meinschaften oder in anderen Verlagen heraus. Unselbständig
erschienene Beiträge in Sammlungen, Zeitschriften und Zeitun-
gen bleiben – von einigen Ausnahmen abgesehen – unberücksichtigt. Es wird im nachstehenden Verzeichnis auch auf den
Nachweis solcher Publikationen verzichtet, die Albrecht Goes
als Herausgeber betreut hat oder für die von ihm Einleitungen
sowie Vor- und Nachworte geschrieben wurden.

Verse. – Stuttgart, Selbstverlag, 1932, in 250 Exemplaren er-
schienen
Der Hirte: Gedichte. – Berlin, Leipzig, München, Kulturpoli-
tischer Verlag, 1934
Die Hirtin: ein vorweihnachtliches Spiel. – München, Kaiser,
1934*
Heimat ist gut: 10 Gedichte. – Hamburg, Verlag der Blätter für
die Dichtung Heinrich Ellermann, 1935
Lob des Lebens: Betrachtungen. – Stuttgart, Berlin, Deutsche
Verlagsanstalt, 1936
Die Roggenfuhre: ein Evangelienspiel. – München, Kaiser,
1936*
Der Beutezug: Erzählung. – In: Die Neue Rundschau. – Ber-
lin 48 (1937), Bd. 2, S. 69–85
Vergebung: ein Frauenspiel. – München, Kaiser, 1937*
Mörike. – Stuttgart, Cotta, 1938*
Über das Gespräch. – Berlin, Furche-Verlag, 1938*
Der Zaungast: ein Evangelienspiel. – München, Kaiser, 1938*
Begegnungen. – Berlin, Furche-Verlag, 1939

Die Einladung: (Erzählung).
Erstveröffentlichung 1939 in »Die Neue Rundschau«; auch in: Besuch im Karzer: heitere Schulgeschichten von Ludwig Thoma bis Günter Grass. Zusammengestellt von Martin Gregor-Dellin. – München, Nymphenburger Verlagshandlung, 1966*; ferner in: Phantom der Angst: 33 Erzählungen aus Deutschland und Österreich 1933–1945. Hrsg. und mit einem Nachwort versehen von Fritz Hofmann, Bd. 1. – Berlin, Verlag der Nation, 1987
Leuchter und Laterne: eine Erzählung auf Christtag. – Berlin, Wichern-Verlag, 1939
Der Abschied: (Erzählung). – In: Die Neue Rundschau. – Berlin 51 (1940) 4, S. 162–174
Der Nachbar: Gedichte. – Berlin, S. Fischer, 1940
Der Weg zum Stall: ein Krippenspiel für Kinder. – München, Evangelischer Verlag A. Lempp, früher Kaiser, 1940*
Die guten Gefährten: Prosastücke. – Stuttgart, Cotta, 1942*
Die Begegnung: 10 Gedichte. – Gebersheim, Selbstverlag, 1944
Ein erster Schritt. – Calw, Stuttgart, Gundert Verlag, 1945
Auf der Flucht: ein Gespräch zu Weihnachten 1945. (Privatdruck) – Stuttgart-Botnang, August Häbich, 1946
Goethegedichte – jetzt: Essay. – Stuttgart, Hans E. Günther, 1946
Rede auf Hermann Hesse. – Berlin (West), Suhrkamp, 1946
Schwäbische Herzensreise: Zeichnungen u. Aquarelle von Gottlieb Ruth. Stuttgart, Calw, Hatje, 1946*
Da rang ein Mann mit ihm: eine Besinnung auf 1. Mose 32, 23–32. München, Kaiser, 1947
Die Herberge. – Berlin (West), Suhrkamp, 1947 (Gedichte)
Die fröhliche Christtagslitanei. – München, Kaiser, 1949*
Der Mensch von unterwegs: ein Gespräch für die Christnacht in unseren Tagen. – Hamburg, Wittig, 1949
Unruhige Nacht. – Hamburg, Wittig, 1949*
Übersetzungen sind erschienen in: Afrika, Argentinien, ČSSR, Dänemark, England, Finnland, Frankreich, Italien, Japan, Niederlande, Norwegen, Polen, Rumänien, Schweden, Spanien, Türkei, Ungarn, USA

Von Mensch zu Mensch: Bemühungen. – Berlin (West), Suhrkamp, 1949*

Gedichte: 1930–1950. – Frankfurt am Main, S. Fischer, 1950*

Christtag: 7 Betrachtungen. – Hamburg, Furche-Verlag, 1951*

Unsere letzte Stunde: eine Besinnung. – Hamburg, Furche-Verlag, 1951*

Freude am Gedicht: 12 Deutungen. – Frankfurt am Main,
S. Fischer, 1952

Freundschaft und Entfremdung. – Mainz, Eggebrecht-Presse,
1953

Krankenvisite: 6 Anreden. – Hamburg, Furche-Verlag, 1953*

Vertrauen in das Wort: 3 Reden. – Frankfurt am Main, S. Fischer, 1953

Das Brandopfer: eine Erzählung. – Frankfurt am Main, S. Fischer, 1954*
Übersetzungen sind erschienen in: Brasilien, ČSSR, Dänemark, England, Frankreich, Israel, Italien, Japan, Niederlande, Polen, Portugal, Schweden, Ungarn, USA.

Heilige Unruhe. – Stuttgart, Evangelisches Verlagswerk, 1954

Mörike: neu durchges. Ausg. – Stuttgart, Cotta, 1954

Das Brandopfer: Erzählung. – Berlin, Aufbau-Verlag, 1955

Erfüllter Augenblick: eine Auswahl. Nachwort: Walter Hauß-
mann. – Frankfurt am Main, S. Fischer, 1955 (Schulauswahl)

Unruhige Nacht. – Berlin, Union Verlag, 1955*

Worte zum Sonntag. – Hamburg, Furche-Verlag, 1955*

Das dreifache Ja: Rede zum Volkstrauertag, gehalten ... in
Wiesbaden, 13. November 1955. – Frankfurt am Main, S. Fischer, 1956

Ruf und Echo: Aufzeichnungen 1951–1955. – Frankfurt am
Main, S. Fischer, 1956

Der Gastfreund. – Berlin, Union Verlag, 1958

Goethes Mutter: Rede zum 150. Todestag von Catharina Elisabeth Goethe, 13. September 1958. – Frankfurt am Main, Der
goldene Brunnen, 1958*

Hagar am Brunnen: 30 Predigten. – Frankfurt am Main, Hamburg, Fischer-Bücherei, 1958*

Ein überfließend Maß: Predigt. – Hamburg, Furche-Verlag,
1958

Stunden mit Bach. – Hamburg, Furche-Verlag, 1959*

Wagnis der Versöhnung: 3 Reden. Hesse, Buber, Bach. – Leipzig, Koehler & Amelang, 1959

Worte zum Fest. – Hamburg, Furche-Verlag, 1959*

Der Mensch von unterwegs. – München, Kaiser, 1960 (Spiel)

Ravenna: mit 32 Bildtaf., darunter 6 farb., nach Aufnahmen von Gerhard Kerff u. a. Fotografen. – München/Ahrbeck, Knorr & Hirth, 1960

Unruhige Nacht. Das Brandopfer. – Berlin, Union Verlag, 1961

Zehn Gedichte. – Frankfurt am Main, Umschau-Verlag, 1961 (Privatdruck)

Die Gabe und der Auftrag. – Berlin, Union Verlag, 1962

Gehe, leide, warte: 3 Geschenke aus Israel. Rede. – Hamburg, Gesellschaft für christlich-jüdische Zusammenarbeit, 1962

Die notwendige Übersetzung: Rede zum Volkstrauertag, gehalten am 17. November 1962 in Darmstadt. – Darmstadt, Roether Verlag, 1962*

Die Weihnacht der Bedrängten: Holzschnitte u. Buchgestaltung v. Synold Klein. – Hamburg, Furche-Verlag, 1962

Aber im Winde das Wort: Prosa u. Verse aus 20 Jahren. – Frankfurt am Main, G. B. Fischer, 1963*

Das Löffelchen: eine Erzählung. – Frankfurt am Main, S. Fischer, 1963*

Genesis: Bilder aus der Wiener Genesis. Erläutert von Albrecht Goes. Unter Mitarbeit von Karl Wagner. – Berlin, Evangelische Verlagsanstalt, 1964

Im Weitergehen: 15 Versuche. – München, Hamburg, Siebenstern-Taschenbuch-Verlag, 1965

Aber im Winde das Wort: Prosa u. Verse aus 20 Jahren. – Berlin, Union Verlag, 1966

Dichter und Gedicht: 20 Deutungen. – Frankfurt am Main, Hamburg, Fischer-Bücherei, 1966*

Contessa perdono: Variationen über ein unerschöpfliches Thema. – Stuttgart, Scheufele, 1968 (Privatdruck)

Der Knecht macht keinen Lärm: 30 Predigten. – Hamburg, Wittig, 1968

»Vorzeichen: christlich«. Rede zur Eröffnung der Buchhandlung der Evangelischen Gesellschaft ... – Stuttgart, Quell-Verlag, 1968

Stunden mit Bach. – Berlin, Evangelische Verlagsanstalt, 1969*

Kanzelholz: 30 Predigten. – Hamburg, Siebenstern-Taschenbuch-Verlag, 1971

Dunkler Tag, heller Tag: Erwägungen. – Hamburg, Siebenstern-Taschenbuch-Verlag, 1973*

Tagwerk: Prosa u. Verse. – Frankfurt am Main, S. Fischer, 1976*

Ein Winter mit Paul Gerhardt. 1. Aufl. – Neukirchen–Vluyn, Neukirchener Verlag des Erziehungsvereins, 1976*

Die guten Gefährten: Begegnungen. 2. Aufl. – Gütersloh, Gütersloher Verlagshaus, 1977

Novellen. Mit einem Nachwort von Günter Wirth. – Berlin, Union Verlag, 1977 (Enthält: Unruhige Nacht, Das Brandopfer, Das Löffelchen)

Lichtschatten du: Gedichte aus 50 Jahren. – Frankfurt am Main, S. Fischer, 1978*

Besonderer Tage eingedenk: Ansprache zur Eröffnung einer Ausstellung in der Deutschen Bibliothek und andere Erwägungen. – Frankfurt am Main, Buchhändler-Vereinigung, 1979

Das Brandopfer. Das Löffelchen. Mit einem Nachwort von Albrecht Goes. – Frankfurt am Main, S. Fischer, 1980

Quellen, die nicht versiegen: Geschichten u. Gedanken. – Basel, Reinhardt, 1980

Noch und schon: 12 Überlegungen. 1. Aufl. – Stuttgart, Radius-Verlag, 1983

Christtagswege. 1. Aufl. – Stuttgart, Radius-Verlag, 1984

Das mit Katz: eine Erzählung. – Frankfurt am Main, S. Fischer, 1984

Stunden mit Bach. 4., überarb. u. erw. Aufl. – Bielefeld, Luther-Verlag, 1984

Erzählungen, Gedichte, Betrachtungen. – Frankfurt am Main, S. Fischer, 1986

Mit Mörike und Mozart: Studien aus 50 Jahren. – Frankfurt am
Main, S. Fischer, 1988

Keine Stunde schwindet: Erzählungen, Betrachtungen, Gedichte.
Ausgewählt von Ilsemarie Sänger. – Berlin, Evangelische
Verlagsanstalt, 1988

Jahre, Tage, Augenblicke: ein Gespräch mit Hans-Rüdiger
Schwab. Mit einem Essay zum Verständnis des Werkes und
einem dokumentarischen Anhang. – Frankfurt am Main, Fi-
scher-Taschenbuch-Verlag, 1988

Verzeichnis der Abkürzungen

Das Kapitel »Die Botschaft und der Bote« ist, etwas verändert, schon gedruckt in: »communio viatorum«, Prag, 3–4/1978

Die Kapitel 1 und 3 (S. 9 und 61) verfaßte Hans-Martin Pleßke, alle übrigen Günter Wirth.